KATZENGESCHICHTEN
ZUM LIEBHABEN

KATZEN GESCHICHTEN ZUM LIEBHABEN

Illustrationen von Karsten Teich

Weltbild

Besuchen Sie uns im Internet:
www.weltbild.de

Weltbild Buchverlag
–Originalausgaben–
Deutsche Erstausgabe 2009
Verlagsgruppe Weltbild GmbH
Steinerne Furt, 86167 Augsburg
Alle Rechte vorbehalten

Projektleitung: Gerald Fiebig
Umschlag: *zeichenpool
Umschlagabbildung und Illustrationen: Karsten Teich
Satz: Dirk Risch, Berlin
Druck und Bindung: Typos, tiskařské závody, s.r.o., Plzeň

Gedruckt auf chlorfrei gebleichtem Papier

Printed in the EU

ISBN 978-3-86800-293-5

2012   2011   2010   2009
Die letzte Jahreszahl gibt die aktuelle Ausgabe an.

INHALT

8

Hans Bender

KATZEN LIEBEN
AUFZEICHNUNGEN

Ich bin ganz sicher: Katzen lieben Aufzeichnungen. Sie sehen, hören, schmecken, was in ihrer Umgebung geschieht, und bleiben dennoch in ihrer Haltung unbewegt. Auch alles Ungewohnte nehmen sie wahr, als geschehe es selbstverständlich. Sie bekunden Ruhe, Distanz, Objektivität, und ein feiner Zug von Ironie kräuselt ihre Mienen.

Vor langer Zeit haben Katzen wohl in Höhlen gelebt. Deshalb lieben sie unsere Wohnungen, und dort Verstecke, die sie umwölben: Körbe, Kartons, Schränke, Schubladen, die Rundungen der Sofas oder der Sessel.

Auf der Insel Hydra habe ich noch wie in Urzeiten eine Katzenmutter mit ihren Jungen in einer Felsspalte entdeckt. Nirgendwo sonst konnten sie angenehmer wohnen und sich vor Gefahren, den Belästigungen der rohen Kinder und der Neugier der Touristen, bewahren.

9

Es gibt Forscher, Neurobiologen, die fast alles über Katzen und ihr Verhalten zu ergründen versuchen und schon viel ergründet haben. Mich interessiert es nicht sehr. Ich begnüge mich mit meinen Beobachtungen. Ja, sie sind ein Teil des Vergnügens, das meine Katzen mir bereiten.

Ich glaube, sagen zu können: Katzen haben angenehme Träume, ohne Ängste, ohne Bedrückungen, ohne Erinnerungen, wie Menschen sie in ihren Träumen peinigen können. Wenn Ben auf dem Rücken liegt, schlafend-träumend, gehe ich auf Zehenspitzen vorbei.

Flaubert an Louise Colet (24.5.1852): »... man lebt mit denen, die stören.« Das gilt nicht für Katzen.

Als ich Günter Kunert zum erstenmal in Berlin-Buch besuchte, hatte ich das Adreßbüchlein vergessen. Ich wußte die Straße, nicht aber die Hausnummer. Suchend ging ich den Hörstenweg entlang. Eine Straße mit gleichförmigen Häusern, in Gärten und Waldstükken versteckt. Dann ein Haus, wo drei Katzen hinter einem Fenster saßen und mir entgegenblickten. Nein, kein Zweifel mehr: Hier wohnte Günter Kunert, der Dichter und Katzenfreund!

Sind streunende Katzen glücklicher als häusliche Katzen? So wie meine Katzen, die in der Wohnung im dritten Stock leben, seßhaft, umhegt, satt, ungestört, ohne Wind und Wetter und dem Verkehr der Straße ausgesetzt zu sein? Ich bedauere streunende Katzen, wie man sie in den Städten im Süden sehen kann, und bin doch meiner Folgerung nicht sicher. Auch bei Menschen ist es so leicht nicht, zu behaupten, wer glücklicher sei, der behauste oder unbehauste.

Jeder hat seine Geschichten, und die, die in seiner Umgebung wohnen, sind ihrer schon überdrüssig und hören so aufmerksam nicht mehr zu. Die Geschichte zum Beispiel, wie ich Ben erworben habe und ihm seinen Namen gab.

In Liège, am Quai de la Batte, wird jeden Sonntagvormittag ein Flohmarkt gehalten. Am Ende, nach den Ständen mit Antiquitäten, haben die Tierhändler ihre Plätze. Haustiere bieten sie an, Kaninchen, Hühner, Hunde, Katzen. An diesem kalten Novembersonntag war das Angebot an Katzen nicht groß. In einem Karton krabbelten drei kleine Kätzchen übereinander, höchstens drei

Wochen alte, graugestreifte, aus der Rasse der Wildkatzen. H. hob eines heraus, das auch mir gefiel – seines runden Kopfes, seiner grünen Augen und weißen Pfötchen wegen. Der Händler nannte den Preis: »Soviel wie eine Schachtel Belga«. »Belga«, eine der billigen Zigarettensorten Belgiens. Ich zahlte mehr, und in einer Boucherie am Markt, die auch am Sonntagvormittag offen hielt, kauften wir Hackfleisch, das kleine, ausgehungerte Wesen für uns zu gewinnen. Auf der Heimfahrt im Auto lag es in tiefen Schlaf versunken auf dem Rücksitz und überstand, unter dem Mantel versteckt, die belgisch-deutschen Grenzkontrollen. »Wahrscheinlich ein Kater«, sagte ich. »Wir nennen ihn Ben. Das bedeutet im Arabischen Sohn. Wir bringen ihn Crazy mit. Er wird ihn adoptieren.« So bekam Ben seinen Namen.

Katzen lieben das Unveränderbare. Sie selber sind unveränderbar. Das Schlimmste für sie – und darin gleiche ich ihnen – wäre eine Ortsveränderung, ein Umzug, gar eine Flucht.

Auch das kam vor: Crazy sprang auf den Schreibtisch und griff in die hin und her fliegenden Typenhebel. Wehrte ich ihn ab, zeigte er seinen Unmut und zerfetzte die Manuskriptblätter, die neben der Maschine lagen. Ich ließ ihn gewähren. Er zerriß, wußte ich,

Erst- und Zweitfassungen, mit Korrekturen bedeckte Seiten. Nie zerriß er das Manuskriptblatt einer Reinschrift. So zuvorkommend war Crazy, so klug.

Es gibt Heilige, denen man einen Löwen, ein Hündchen, ein Lämmchen, einen Fisch, einen Adler, einen Raben und andere Tiere als Attribute beigegeben hat. Warum gibt es keinen Heiligen mit einer Katze? Immer hielt ich danach Ausschau und habe ihn wohl deshalb gefunden, im wallonischen Belgien, in Stavelot. (Apollinaire-Bewunderer kennen Stavelot. Er und sein Bruder Albert verbrachten dort 1899 ihre Ferien und hatten abenteuerliche Erlebnisse.)
In der Klosterdruckerei verkauft man ein Votiv-Bildchen, ein schön koloriertes. Ein junger Laienbruder im Kleid des Franziskanerordens ist zu sehen. In der heimeligen Küche, die ihn umgibt, schwebt eben über dem Herd eine Monstranz und verstrahlt ein überirdisches Licht. Der Bruder ist auf die Knie gesunken. Neben ihm hat sich ein Hündchen in ehrfürchtiger Apportierhaltung aufgerichtet. Die weiß-braune Katze dagegen will das Wunder nicht wahrnehmen. Unberührt davon liegt sie da und schaut in die entgegengesetzte Richtung.
Pascual Babylon ist der Name des Heiligen. Von 1592 bis 1640 hat er gelebt. Man verehrt ihn als Patron der Köche und der Küchen. Ja, in eine hygienische, saubere, mäusefreie Küche gehört eine

Katze. Sie ist für Sankt Pascual Babylon nicht nur ein symbolisches, sondern auch ein nützliches Attribut.

Man hat Scheu, den Namen seiner Katze preiszugeben; erst recht Leuten, die Hunde mehr als Katzen lieben oder Katzen überhaupt nicht mögen. Und was für sonderbare, alberne Namen haben sie oft, »Crazy« zum Beispiel!

Auch dafür kann ich mich entschuldigen: Mein Crazy hatte einen berühmten Vorgänger. Bei meiner Lektüre habe ich ihn entdeckt. Georges Antheil, der amerikanische Komponist, war sein Besitzer. In den zwanziger Jahren gehörte er zum Umkreis Strawinskys und Diaghilews »Ballets Russes«. Ezra Pound war sein Freund. Nach dem Skandal, den Antheils »Ballet Mécanique« verursacht hatte, rieten ihm Freunde, er sollte die Publicity nutzen; andere Freunde, er solle sich zurückziehen und eine neue Komposition beginnen. Ezra Pound riet dem Freund zu einer »Fußwanderung durch Italien mit seinem Kater Crazy auf dem Rücken«!

Sylvia Beach erzählt das in ihrem Erinnerungsbuch »Shakespeare and Company«.

Willy Meyer-Osburg, mein Malerfreund, sammelt mit zunehmender Passion Autographen, hauptsächlich von französischen Autoren. Wie Bilder hat er sie gerahmt, und schon ist die eine Wand der Diele bedeckt mit den Manuskriptseiten oder Briefen von Flaubert, Hugo, Verlaine, Rimbaud, Valéry, Sartre und anderen. Auch ein Brief von Céline ist dabei. Schade, er ist mit Bleistift geschrieben, zudem verblaßt und verwischt; nur ein einziges Wort eindeutig lesbar: Bébé. Der Name seines Katers! Bébé hat – Céline-Kenner wissen es – alle Abenteuer seines Besitzers im Krieg und Nachkrieg miterlebt und das biblische Katzenalter von 20 Jahren erreicht.

Von Bébé also handelt der Brief und hat daher seinen zusätzlichen Wert für den Autographensammler Willy Meyer-Osburg, der selber zu den Katzenfreunden zählt.

Überhaupt Katzennamen, kuriose, einfalls- und aufschlußreiche! »Kater Murr«. Keiner ist berühmter als E.T.A. Hoffmanns Kater. Die meisten Schriftsteller, kommt heraus, hielten Kätzinnen: Maupassant eine »Piroli«, André Malraux eine »Lustree«, Julien Green eine »Finette«, Robert Walser eine »Muschi«, Erich Kästner eine »Lollo«, Alfred Polgar eine »Betty«, Emil Belzner eine »Fanny«. Georg Kaisers »Paula« jedoch war ein Kater. Madame Colette liebkoste eine ihrer vielen Luxuskatzen lautmalerisch »Prrou«. Ob Léautaud wohl alle Katzen, die er um sich versammelte, auch mit Namen benennen konnte?

Antike Namen sind beliebt: Jouhandeau besaß einen »Minos«,

Hans Bütow einen »Petronius«, Horst Bienek einen »Cäsar«. Werner Koch, der auch sonst alles Arabische bewundert, ruft seine Siamkatze »Quettah«. Das ist das arabische Synonym für die deutsche »Katze«.

Virginia Woolf gab ihrem Kater den Vor- und Nachnamen eines Zeitgenossen: »Charly Chaplin«. Zu gerne wüßte ich den Namen der Katze, die Patricia Highsmith auf einem Foto liebevoll im Arm hält. »Taki« hieß Raymond Chandlers Katze. Sein Brief über den Tod dieser »Taki« ist herzzerreißend.

Im Laufe seines langen klösterlichen Lebens in Montagnola hielt Hermann Hesse zahlreiche Katzen. »Unser Kater, mein Freund, mein Brüderchen«, sagt er im Epos »Stunden im Garten«. So sprach Franziskus die Geschöpfe an.

Man muß die Katzenhalter beobachten, wenn sie etwas von ihren Lieblingen berichten oder erzählen. Sie freuen sich, einen Zuhörer gefunden zu haben. Ihre Mienen hellen sich auf. Ihre Stimmen werden weich. Selten etwas Unangenehmes, meist nur Erfreuliches gibt es mitzuteilen. Zwei Katzenhalter kenne ich, die in ihrer Briefmappe die Fotos ihrer Katzen herumtragen und vorzeigen wie Eltern die Fotos ihrer Kinder.

Crazy wurde 18 Jahre, Ben 19 Jahre alt. Nun sind sie fort. Nur ihre Plätze blieben erhalten: dort, der rote Sessel, dort, die Sofaecke mit der zerkratzten Lehne. Beweise oder Erinnerungen ihrer langen Anwesenheit.

Hans Erich Nossack fragte im letzten Lebensjahr, als wir uns in Mainz trafen: »Wo hat Crazy sein Grab?« Ich hätte ihn enttäuscht, hätte ich die Wahrheit gesagt: daß ich ihn tot beim Tierarzt zurückgelassen habe. Ich schilderte, was ich mir eigentlich vorgenommen, aber nicht ausgeführt hatte. Ich log. »Crazy hat ein schönes Grab«, sagte ich, »in einem Wäldchen, auf einem Hügel, nicht weit vom Dom in Altenberg.«

Ich tröste mich mit Schopenhauer: »Die Tiere leiden unendlich weniger als wir, weil sie keine anderen Schmerzen kennen als die, welche die Gegenwart unmittelbar herbeiführt: Die Gegenwart ist ausdehnungslos; Zukunft und Vergangenheit, in denen unsere Leiden liegen, sind unendlich und enthalten neben dem Wirklichen noch das bloß Mögliche. Die Leiden, die rein der Gegenwart gehören, können bloß physisch sein. Das Größte derselben ist der Tod: Der kann aber vom Tiere nicht empfunden werden, weil es nicht mehr ist, sobald er eintritt. Wie beneidenswert ist das Los der Tiere!«

Horst Bienek

EULENSPIEGEL IN DER KOMMODE

Ich war froh, als ich endlich Helma im Auto hatte und wir wegfahren konnten. Zweimal im Jahr fuhr ich mit ihr für jeweils zwei Wochen in die Ferien, einmal im Sommer und einmal im Winter. Ich freute mich schon lange Zeit vorher darauf, sie ganz allein für mich zu haben. Meine Frau, von der ich seit fünf Jahren geschieden war, wußte ohnehin immer besser, wie ich Helma zu behandeln hatte, und wenn ich mit ihr allein in meiner Wohnung war, rief sie jede halbe Stunde an, um mir Anweisungen zu geben, wie ich mit unserer Tochter umzugehen hatte.

Ich glaube schon, daß Helma sich freute, als wir endlich das Geschnatter von Mutter hinter uns hatten und auf der Autobahn Richtung Süden preschten. Sie äußerte sich freilich nicht. Sie war überhaupt ziemlich still – ich führte das darauf zurück, daß sie ihre drei Katzen (und sie war geradezu ein Katzennarr) bei ihrer Mutter im Haus zurücklassen mußte. Die Mutter hatte auf Helma eingeredet und ihr unerbetene Ratschläge erteilt, wie sie sich gegenüber den jungen Italienern zu verhalten habe, ja, ja, auch wenn sie erst zehn war; und Helma hatte auf ihre Mutter eingeredet und ihr Anweisungen gegeben, wie sie mit den drei Katzen umzugehen hatte. Beide wußten das alles schon längst und bis in die kleinsten Details, und es war ja auch nicht das erste Mal, daß sie voneinander für zwei Wochen getrennt waren.

Im letzten Jahr war der Siamkater Cäsar überfahren worden, und Helma hatte ihre Mutter dafür verantwortlich gemacht. Aber sie konnte nichts dafür, denn Cäsar ist im heißen Sommer nachts bis in die Felder auf der anderen Seite gestromert, wo es Maulwürfe und Mäuse zu jagen gab. Da war er einfach nicht aufzuhalten. Helma wollte vor allem in ihrer Mutter ein schlechtes Gewissen erzeugen, um sie damit zu erpressen, eine neue Siam zu kaufen, diesmal blue-point. Sie kam nur noch mit schlechten Noten nach Hause, versprach freilich glaubwürdig, besser zu werden, wenn erst einmal wieder eine Siam im Haus wäre, und so war plötzlich ein Siam-Tiger im Haus, den Helma Brutus nannte. Die anderen Hauskatzen gingen übrigens nicht aus dem Haus. Deshalb heißen sie wohl auch Hauskatze.

Als wir so dahinfuhren – ich will nicht gerade behaupten, daß mir ein Liedchen von den Lippen ging, aber ich war im ganzen doch sehr guter Laune –, da zerrte Helma, die hinter mir saß, plötzlich eine graue oder braune Katze hervor. Ich bekam einen Schreck. Schon wieder hatte sie mich hereingelegt. Ich sah das Tier im Rückspiegel und dachte: O Gott, was sollen wir bloß mit der Katze machen, als erstes werden wir mit dem Zöllner Ärger kriegen, weil wir keine Impf-Bescheinigung haben. Es war ein zottiges Tier mit einer ungewöhnlich langen Nase, eher schon einem Rüssel, das einem Ameisenbär ähnlicher sah als einer braven Hauskatze. Was für eine häßliche Katze – konnte ich nicht unterdrücken zu sagen.

Es ist keine Katze, sagte Helma bestimmt, die mich wie einen Schwachsinnigen belehren zu müssen glaubte. Es ist Alf. Alf, der Vorlaute mit einer frechen, knarzenden Stimme, hast du ihn denn noch nie gesehen? Ja, wo sollte ich ihn denn schon gesehen haben? Im Fernsehen natürlich. Früher gingen die Eltern mit ihren Kindern in den Zoo, um ihnen exotische Tiere zu zeigen. Jetzt gukken sie das alles auf der Mattscheibe. Ich wollte mir das Tier näher ansehen und wäre beinahe von meiner Spur abgekommen. Helma hob das Zotteltier hoch und zeigte es mir von vorn. Allerdings war es von da auch nicht besser anzusehen. Wenn schon Plüschtiere, dann mußten die ja nicht so scheußlich aussehen. Jedenfalls war ich schon froh, daß es keine lebendige Katze war, die Helma mir ins Auto geschmuggelt hatte und die sie dann im Hotel quälen würde. Sie hatte schon früher einmal einen Goldhamster, eine Schildkröte und ein Kaninchen mit in den Urlaub geschleppt. Immer zog Helma – ohne vorher etwas gesagt zu haben – unterwegs irgendein Stinktier hervor. Aber das durfte ich ja nicht laut sagen. Helma klärte mich auf, ziemlich von oben herab, daß es sich bei diesem Ameisenbär um eine populäre TV-Figur handelte, von der ich allerdings nichts gewußt hatte, weil die ja immer im Nachmittagsprogramm auftrat, und wer von uns kann schon am Nachmittag fernsehen? Manchmal stieß Helma ein paar Grunzlaute aus, das sollte die Sprache von Alf sein. Sie hielt ihn fest, damit er sich ja nicht befreite, denn Alf war – was ich nicht wußte – scharf auf Katzen, am liebsten aß er sie im eigenen Saft oder mit Pommes frites, darüber lachte nun Helma, denn an ihre Katzen kam Alf nicht heran.

Na ja, ich kümmerte mich wenig darum. Im italienischen TV trat jedenfalls kein Alf auf. Dafür hatte Helma am dritten Tag schon ein Rudel Katzen ins Zimmer geschleppt, die glücklicherweise abends wieder verschwanden, aber am nächsten Morgen vor der Tür miauten, um ihre Milch zu fordern. Also, ich wußte ja, daß Helma verrückt nach Katzen war, aber gleich drei im Zimmer, das war mir einfach zu viel. Wenn ich vom Strand zurückkam und die drei Tiere auf meinem Bett schlafend vorfand, zusätzlich Alf, den Ameisenbär, schmiß ich sie gleich raus, denn ich fand, drei Katzen riechen. Was Helma ableugnete, und sie legte sich aufs Bett, und die Katzen sprangen zu ihr hinauf. Ich wollte mir die Katzen gar nicht so genau ansehen. Eine allerdings sah aus wie Till Eulenspiegel, war ganz niedlich anzusehen, sie hatte ein weißes Fell, und auffällig waren das schwarze Gesicht und die schwarzen Ohren, sie schien stets zu grinsen, es sah jedenfalls so aus, und Helma nannte sie deshalb Eulenspiegel.

Zwei Tage vor unserer Heimreise fragte Helma etwas tückisch, während sie mit Alf spielte und mich gar nicht ansah, ob ich etwas dagegen hätte, wenn sie den Kater Eulenspiegel nach München mitnähme. Alles hatte ich dagegen. Erst dieser Zottel Alf, dann drei Katzen im Ferienbett, und jetzt eine weiße mit einer schwarzen Larve, die im Auto hin und her springen und uns bei der Fahrt gefährden würde. Zwölf Tage waren unsere Ferien wunderbar gewesen. Und jetzt die Tränen von Helma. Aber ich gab nicht nach. Ich schmiß die Katzen hinaus und ungerechterweise Eulenspiegel besonders weit.

Zu Hause packten wir aus, und ich hatte das seltsame Gefühl, daß irgendwo eine Katze im Haus wäre, die zwar nicht miaute, aber ich roch eine Katze. Helma fragte scheinheilig, was denn wohl wäre, wenn ich auch eine Katze, eine einzige Katze wenigstens, ins Haus nähme, jetzt oder später. Ich wimmelte sie ab, wie schon einige Male zuvor, schützte Asthma vor, und Katzenhaare wären für mich geradezu tödlich. Ich schüttelte mich.

Da hörte ich eine Katze miauen. Es klang etwas dumpf. Woher kam das nur? Ich sah mich um, suchte unter der Couch, unter den Sesseln und im Flur. Nein, Alf knarrte nur. Er war keine Katze, er konnte also nicht miauen.

Ich sah Helma streng an. Du hast doch nicht etwa? Helma ging zur Kommode und zog eine Schublade auf. Sofort sprang eine weiße Katze heraus. Sie hatte ein schwarzes Gesicht und schwarze Ohren. Sie miaute und streifte mit ihrem Rücken meine Beine. Es war Eulenspiegel. Ist sie nicht eine schöne Katze, sagte Helma.

24

Eva Demski

DAS MÄRCHEN VOM KATER MIT DER GOLDENEN PFOTE

Eines Tages spazierte eine gestreifte Katze in den Garten des Tierheims am Rand der Stadt. Zwar gab es genau zweiundvierzig gestreifte Katzen in diesem Tierheim, aber diese neue, dreiundvierzigste Katze fiel der Tierheimdame sofort auf. Sie schwankte unter der Last ihres Bauches wie ein Maulesel unter seinen Körben, und sie war längsgestreift. Längsgestreift wie eine Melone oder ein junges Wildschwein, und kurz vor der Niederkunft. Die Tierheimdame setzte sich auf den großen Brekkiesack, schlug die Hände vors Gesicht und sagte zu einem alten Kater, der sich in respektvollem Abstand von der Neuen (man weiß ja, wie launenhaft Schwangere sind) neben die Tierheimdame gesetzt hatte: »Das werden mindestens sieben Stück.« »Gra-hau!« sagte die längsgestreifte Katze und setzte sich auf den Sandweg, um sich die Pfoten zu lecken, die etwas aufgeschürft waren, weil man sie aus einem langsam fahrenden Auto direkt vor das Tierheimtor gestoßen hatte. Das Auto war längst davon, und wir wollen keinen Gedanken mehr daran verschwenden, denn auch die Tierheimdame hatte gelernt, die Dinge zu nehmen, wie sie kamen, und zerbrach sich schon lange nicht mehr den Kopf über die Ratschlüsse der Menschen.

Es wird nun in unserer Geschichte Zeit, allen mitspielenden Seelen auch einen Namen zu geben, oder besser: ihre Namen zu verraten, denn sie hatten ja alle schon einen, bevor wir durch die Tür dieser Geschichte mitten ins Tierheim gekommen sind. Die längsgestreifte Katze hatte sich, als sie in einem Kosmetikkoffer von der Insel Malta in die Stadt unserer Geschichte reiste, an den Namen »Souvenir« gewöhnt. Damals war sie winzig, niedlich und ganz und gar nicht schwanger gewesen. Souvenir wurde erst geliebt, dann geduldet, dann lästig – es ist eine alte Geschichte, und nicht nur die dreiundvierzig Gestreiften, sondern auch die sechsundsiebzig Andersfarbigen, die Hunde, einäugigen Gänse und Zwergkaninchen hatten sie erlebt.

Die Tierheimdame hieß Lisa Katz. »Und ich kenne jeden dummen Witz über meinen Namen, den es gibt. Sie brauchen sich gar nicht anzustrengen!« pflegte sie zu sagen, wenn sie sich vorstellte. Sie stellte sich allerdings selten vor, denn Menschen waren es ihr meistens nicht wert, und bei den Viechern tat es nicht not.

Der alte Kater hieß Kunzelmann und war eine Hinterlassenschaft aus einer sogenannten WG, deren Mitglieder entweder in die Jahre, in Beamtenstellen oder in den Knast gekommen waren. Kunzelmanns Namensgeber saß im Knast und schrieb seinem Kater von dort Karten, die Lisa Katz ihm vorlas. Vielleicht war Kunzelmann deshalb so ausgeglichenen Gemüts. Zu ihnen gesellte sich jetzt noch ein hübscher Dackel, den seine Züchter wegen der Fehlfarbe (wie sie es nannten) hatten einschläfern lassen wollen. »Dies ist ein Hund«, soll Lisa Katz damals geäußert haben, »und keine Zigarre.« Die Fehlfarbe des Dackels Zigarre wuchs sich zu einem ungewöhnlich schönen rötlichen Grau aus, eigentlich war er rosa, in einem bestimmten abendlichen Licht.

Zigarre und Kunzelmann waren Lisas eigene Tiere, für die sie keinen anderen Platz haben wollte als eben das Tierheim. Noch immer saß also die neue, schwer schwangere Katze auf dem Weg, leckte sich die Pfoten und verbarg, daß auch sie einen Namen hatte. Lisa stand auf und holte einen Korb. Hinter dem Rücken versteckte sie, als sie wiederkam, ein Fläschchen Chloroform. Kunzelmann kannte dieses Fläschchen und wußte, wie viele kleine, unverwechselbare und völlig einmalige Katzenseelen mit seiner düsteren, aber sanften Kraft wieder dahin zurückbefördert worden waren, wo sie herkamen, und wo, nach Kunzelmanns Meinung, die Verantwortlichen für das Übermaß an kleinen Kätzchen saßen. Der Kater haßte das Fläschchen und erinnerte sich dunkel daran, daß er vor langer Zeit (vor irgendeiner ihm unbegreiflichen Veränderung) das gleiche Problem damit zu lösen pflegte, indem er seine Brut einfach auffraß. Auch das erschien ihm aus der Weisheit seines Alters (und wegen der Veränderung) jetzt etwas barbarisch, aber immer noch besser als das verdammte Fläschchen. Auch Lisa liebte das Fläschchen keineswegs. Es war nur oft die einzige Lösung, und wie einen Spruch, der sich nicht entscheiden kann, ob er ein Segen sein will oder ein Fluch, murmelte sie, wenn sie das stinkende Zeug auf den Wattebausch träufelte und die energisch zappelnden, blinden Fellbündelchen in die vorbereitete Schachtel setzte: »Es bleibt euch viel erspart!« Aber wer kann das wissen? Und wer ist so anmaßend, diesen Satz laut zu sagen angesichts eines Wurfs lebenssüchtig quiekender Kätzchen? Lisa Katz war nicht glücklich. Indessen entschloß sich die längsgestreifte Katze Souvenir, niederzukommen, mied sorgfältig den dafür bereitgestellten Korb und gebar im Wäscheschrank, dessen Tür sie in geduldiger Arbeit aufgehebelt hatte, auf einem Stapel gebügelter Kopfkissen genau sieben Junge. Zigarre hätte Lisa sagen können, wo die Neue sich versteckt hatte, aber zwei Tage tat er, als sei seine Nase verstopft. Keiner brauchte was aus dem Wäscheschrank. Auch Kunzelmann hielt dicht, und die anderen Katzen blieben in ihren Gehegen, auf ihren Baumstümpfen und in ihren Häuschen und schauten aus halbgeschlossenen Augen den Weg entlang, ob nicht einer käme, der sie mitnähme. Als Souvenirs Wochenbett endlich entdeckt wurde, hatten die sieben schon Pelz, und Lisa sagte ihren ebenfalls oft gesprochenen Satz Nummer zwei für solche Fälle: »Jetzt kann ich es wirklich nicht mehr. Außerdem sind die so schön, die werden wir los, was, Zigarre?« Und der rosa Dackel Zigarre sah zustimmend drein, obwohl es für seinen Geschmack genug Katzen auf der Welt gab, eher wirklich ein paar zuviel. Aber einer jungen Mutter, das wußte er, kann man mit noch so klugen Gedanken über Geburtenkontrolle und Überbevölkerung keine Freude machen. Also behielt er sie für sich. Lisa pflückte entzückt ein Kätzchen nach dem anderen von den gebügelten Kopfkissen und setzte sie in den Korb, was Souvenir gnädig gestattete. Jedes ihrer Kinder hatte eine andere Farbe: Längsgestreift, quergestreift, schwarz, rot, dreifarbig, gescheckt (ein Mädchen), mausgrau (doch!) – und als letztes kam ein weißes zum Vorschein, das eine goldene Vorderpfote hatte. Es war die linke, und erfahrene Kater wie Kunzelmann, der sich den Nachwuchs betrachtete, wußten: Mit einem solchen Kater hat der Katzengott Besonderes vor. »Wer hätte gedacht«, sagte Kunzelmann zu Zigarre, »daß wir selber mal so einen zu sehen bekommen. In unserer Familie ist oft davon erzählt worden, mein Urururgroßvater kannte eine Kätzin, die mal einen Goldpfotigen gesehen haben soll – und jetzt haben wir einen im Nest!« – »Sind das immer Kater, die mit der goldenen Pfote?« fragte Zigarre, dem die Mythen fremder Völker nicht so vertraut waren. »Es wird so erzählt!« sagte Kunzelmann mit der Überheblichkeit, die selbst der zerrupfteste Straßenkater dem feinsten Reicherleutshund entgegenbringt. Zigarre war das gewöhnt, und da er ein gescheiter Hund war, amüsierte er sich und knurrte nicht. Er fragte auch nicht nach, was denn ein Kater mit einer goldenen Pfote Besonderes könne, denn die Frage hätte Kunzelmann in Verlegenheit gebracht.

Gerade jetzt sagte Lisa Katz, die das vielfarbige Gewusel im Korb liebevoll betrachtete, zu den Tieren: »Also das Weiße finde ich besonders hübsch. Schade, daß es diese gelbe Pfote hat!« Kunzelmanns Pupillen wurden schwarz und rund vor Verachtung, dann gähnte er und begann, sich die Pfoten zu waschen. »Menschen!« dachte er. »Du lieber Gott.« Und in der nächsten Zeit taten die Kätzchen, was Kätzchen eben tun, nuckeln, piepsen und um den besten Platz kämpfen, schlafen, aufwachen und sich waschen lassen. Souvenir wußte um die Besonderheit ihres Sohnes. Sie betrachtete ihn mit der melancholischen und wilden Liebe aller

Katzenmütter, die genau wissen, daß schon nach ein paar Monaten ihre Kinder fremde Katzen sein würden. »Dieser nicht!« dachte sie und wusch ihm sorgfältig die goldene Pfote. Und so verhält es sich seit alters her mit den Goldpfotigen: Sie können Käfige öffnen. Sie können aus welken Blättern Mäuse werden lassen. Milch fließt plötzlich in Regenpfützen, und der Mensch, dem ein Goldpfotiger einmal die Tatze aufs Knie gelegt hat, ist – mag er Katzen vorher gehaßt haben wie besessen – ihnen auf immer verfallen.

Wenn das so ist, werden die Eingeweihten jetzt sagen, haben alle Katzen eine goldene Vorderpfote!

Sehen wir weiter. Die Kätzchen wuchsen, aber der einzige, dem Lisa einen Namen gegeben hatte, war der Weiße. Sie nannte ihn Tatze, und so wollen wir ihn auch nennen. Die Geschichte seiner sechs Geschwister ist bald erzählt. Sie machten eine schöne Karriere beim Fernsehen in einem Pausenfilm. Der Aufnahmeleiter hatte nur sechs Darsteller haben wollen. Er liebte nämlich nur gerade Zahlen und sagte, weiß käme nicht so gut, auch verderbe die komische gelbe Pfote den Eindruck.

Siebentausenddreihundertzweiundfünfzig Leute riefen beim Sender an, als der Pausenfilm zum erstenmal gelaufen war, alle wollten ein Kätzchen haben oder auch zwei, Fernsehkätzchen, und in den Zeitungen wurde die mürrische Lisa gezwungen, die Geschichte dieses Wurfs zu erzählen. Im Tierheim war für kurze Zeit ein Betrieb wie im Kaufhaus, Lisa nahm die Kandidaten für ein Kätzchen so mißtrauisch unter die Lupe, als gelte es, Geheimdienstoffiziere auszuwählen. Zum Schluß wurden Souvenirs bunte Kinder (die ihr in den letzten Wochen schon ein bißchen lästig geworden waren) paarweise zu sehr vertrauenswürdigen Leuten gegeben und konnten sich fast allabendlich im Fernsehen bewundern.

Tatze aber blieb im Tierheim, von seiner Mutter zwanzigmal am Tag schneeweiß geputzt und von Kunzelmann respektvoll in den nötigsten Katerkünsten unterwiesen. Viel hatte der selbsternannte Lehrer nicht zu tun, weil Tatze eigentlich alles schon konnte. Er war ein Kater von sanfter und verschmitzter Wesensart, und es wäre sicher leicht gewesen, auch für ihn einen bürgerlichen, angenehmen Platz zu finden. Aber Lisa Katz mochte sich nicht von ihm trennen und redete sich ein, sie behalte ihn unwillig und nur als Gespielen für den alten Kater Kunzelmann. Die gelbe Pfote störte sie jetzt nicht mehr. »Sie hat sicher einen Sinn!«, sagte sie zu Kunzelmann, »einfarbig weiße Katzen sind oft taub.« – »Menschen«, dachte Kunzelmann, »ach du lieber Gott!« Er setzte sich hin und wusch sich die Pfoten. Tatze tat es ihm nach und sah aus dunkelgrünen Augen einem kleinen Mädchen zu, das zwei ruppige, große Hunde aus dem Zwinger holte, um sie spazierenzuführen. Sie blieb vor Tatze stehen, während die Hunde leise wie Welpen fiepten und ihre Schwänze starr nach unten hielten. »Seht mal, ihr großen Trampel!« sagte das kleine Mädchen zu den Hunden, »der Kater hat eine goldene Pfote! Fürchtet ihr euch deswegen vor ihm?« Sie lachte und zog die widerstrebenden Hunde weiter.

»Das eine mußt du dir merken«, sagte indessen Kunzelmann zu Tatze, »mit den Menschen mag intellektuell nicht viel los sein – aber ihre Jungen sollte man nicht unterschätzen! Es ist die einzige Spezies, die gescheit auf die Welt kommt und danach immer dümmer wird. Ich habe früher wissenschaftlich darüber gearbeitet!« Tatze nickte und lächelte.

Es war eine gewisse Aufregung an diesem Tag im Tierheim, weil Lisa ihre alljährliche Reise vorbereitete. Lisa war schon seit ein paar Jahren Anfang Vierzig, eine undefinierbar aussehende Person mit irgendeiner Figur, die sie in graue Pullover und blaue Hosen mit Gummistiefeln zu verpacken pflegte. Sie liebte die Tiere, die ihr anvertraut waren, und wurde mit den Jahren so misanthropisch, wie man es halt in Tierheimen wird. Deshalb fuhr sie jedes Jahr zu den Bayreuther Festspielen. Dort badete sie ihre Seele, trug jeden Abend ein anderes Abendkleid und den gewaltigen Schmuck ihrer Großmutter. Aus ihrem Mausedutt wurde unter den Händen des Bayreuther Friseurs (jetzt hieß er Hairstylist, aber er besaß vier etwas mottenzerfressene Perserkatzen, die alle schon über sechzehn waren, und liebte Lisa sehr) eine fuchsfarbene Wolke. Dann schminkte sie sich zwei Stunden lang und nahm eine dunkle Brille mit, wenn der *Tristan* auf dem Programm stand. Zudem hatte sie eine etwas pathetische und sehr leidenschaftliche Affäre mit einem französischen Oboisten, den sie nur dort sah. Einmal im Jahr mußte sie das haben, und am vorletzten Abend begann sie sich, vom Oboistenabschied noch ganz weich und verheult, auf die Viecher zu freuen.

Diese Reise nun bereitete Lisa vor, und die ernsten Schulmädchen und Veterinärmedizinstudenten, die ihr halfen, mußten ein Maschinengewehrfeuer von Vorschriften, Beschimpfungen und Rezepten über sich ergehen lassen. An jeder Wand klebten Zettelchen mit rätselhaften Mitteilungen wie »Sonntags Pille für Charlie« oder »Daniel nicht kämmen!« Ihre Helfer waren daran gewöhnt, Mensch und Vieh wartete ergeben darauf, daß Lisa sich auf ihre notwendige Reise begab.

Alles beruhigte sich, nachdem ein Taxi die bis zur Unkenntlichkeit verkleidete Lisa abgeholt hatte. Und schon in der ersten Nacht verschwanden sämtliche Hunde und Katzen aus dem Tierheim. Nicht Zigarre, Kunzelmann und Tatze: Sie waren in Lisas Wohnung geblieben; Tatze war nachts aufgewacht und unruhig geworden. Lisas junge Helfer standen am nächsten Morgen vor den aufgebrochenen Zwingern und dem leeren Katzenhaus. Nachdem sie zwanzig Minuten geheult hatten, holten sie die Polizei.

Bisher hatte der Kater mit der goldenen Pfote nicht auszuprobieren brauchen, was er alles konnte. Ja, ihm waren seine wunderbaren Fähigkeiten sorgfältig verhehlt worden, denn Kunzelmann befürchtete, daß Tatze die Nase zu hoch tragen würde, wenn man ihm zu früh sagte, daß er ein Erwählter sei. Jetzt aber war die Situation gekommen, denn Kunzelmann hatte (das lag an seiner politischen Vergangenheit) kein Vertrauen zur Polizei.

»Also, mein Junge«, begann Kunzelmann seine Rede, alle langweiligen Reden von Erziehungsberechtigten fangen so an, und alle Kinder kriegen den gleichen Gesichtsausdruck und sagen »o nein, Papa!«, mit einem schrecklich belästigten Unterton. So war es auch bei Tatze: »O nein; Kunzelmann!« sagte er, denn er wußte alles, was der ihm sagen wollte, schon längst und hatte sich nur aus Höflichkeit nichts anmerken lassen. »Ich finde sie. Ich hol' sie zurück, allesamt!«

Wo man suchen mußte, war jedem Tier in der ganzen Stadt nur zu klar. Der Tierhändler hieß Sense, und wenn man ihm sein finsteres Geschäft zögernd und halbherzig verboten hatte, dann machte eben seine Frau weiter oder sein Schwiegersohn, der schon Karrieren als Barschlepper, Fleischschieber und Spielhallenrausschmeißer hinter sich hatte. Der Handel mit dem lebenden Fleisch aber war der einträglichste. Sie saßen in einem Fabrikgelände weit draußen vor der Stadt, und Lisa wurde bleich, wenn sie Senses Namen hörte. Abnehmer für die verängstigten, drogenbetäubten und verzweifelten Hunde und Katzen waren die weißen Firmen und Labors in der Stadt, in denen hinter dicken Mauern und höflich lügenden Pressesprechern Schreckliches geschah. Das Tierheim hatten die ausgesandten Diebe des Händlers schon lang im Visier, und sie waren auch informiert von Lisas alljährlicher Reise.

Was für eine miese Truppe das war, ein feiger, schwarzer Haufen von besoffenen Schmierenschauspielern und arbeitslosen Metzgern, ein armseliger Trupp, der das Sonnenlicht scheute und sein Elend in Lambruscoflaschen versenkte. Die meisten von ihnen hatten selbst ein Tier, einen Gefährten unter den Kaufhauseingängen, auf ihren stinkenden, alten Matratzen. Auch die hatten sie abgeben sollen, hatten es nicht getan und mußten sich all-nächtlich betrinken, weil sie ihnen nicht mehr in die Augen sehen konnten.

Das war ein Coup! Ein ganzes Tierheim voll Material, selbst den einäugigen Ganter hatten sie mitnehmen wollen. Der schämte sich, weil er nur heiser gewarnt hatte – schließlich war damals in Rom nicht so ein verdammter Nebel, dachte er, aber einen der Gangster hatte er noch beißen können. Er war es auch, der Tatze sagte, wie viele es waren und welchen Weg sie eingeschlagen hat-ten, nachdem der Kater Lisas wohlverschlossene Wohnungstür mit einem sanften Pfotenstubs geöffnet hatte.

Es war keine Zeit zu verlieren, und so stellte Tatze sich an die Stra-ße und hielt seine goldene Pforte in die Höhe. Fast sofort, wie in amerikanischen Filmen, hielt einer, ein dunkler Motorradfahrer, der wahrscheinlich ein verkleideter Engel war. (Seit Cocteau tra-gen fast alle jüngeren Engel Motorraddress, im Himmel wechselt die Mode nämlich nur alle tausend Jahre.) »Hopp!« sagte der Mo-torradfahrer zu dem Kater, der sich ihm um den Hals wickelte. Dann gab der Dunkle Gas, und nach kurzer Zeit tauchten die schwarzen Fabrikgebäude vor Tatze auf. »Brauchst du Hilfe?« frag-te der Motorradfahrer. »Ich werde sie haben!« antwortete Tatze.

Er roch die Angst, seine Ohren legten sich unter dem Gewicht der Schreie flach nach hinten, und seine rosa Lippen gaben zwei schö-ne, dreieckige Reißzähne frei. Es waren unhörbare Schreie, denn die meisten Tiere dämmerten vor sich hin, giftbenebelt und dumpf.

Die aus dem Tierheim waren unruhiger als die anderen, und Tatze wußte, daß sie alle da waren, alle. Den Rest der Nacht verbrachte er damit, einen Käfig nach dem anderen zu berühren und auf die Befreiten einzureden, erst beruhigend, dann revolutionär, eine Reihenfolge, die manchmal erfolgreicher ist als die umgekehrte. Spät fand er einen Panther in einer Kiste, der sich die Pfoten blutig gekämpft hatte und nun auf der Seite lag, in die Apathie geflohen, jenen einzigen wirklichen Zufluchtsort der Tiere.

Tatze sprach mit ihm besonders lange und legte seine goldene Pfote kurz auf die Wunden des Panthers, die sofort verschwanden. Der Panther hörte zu. Dann lächelte er ein schönes und bedrohliches Lächeln. »Freßt nichts mehr von dem vergifteten Drogenzeug!« befahl Tatze, und mehr als vierhundert Ohren wandten sich seiner Stimme zu. Dann warteten sie, das Licht in der Halle wurde grau. Sie warteten stumm, fast unbeweglich, und nur Tatze hörte das Summen, wie es von angespannten Muskeln kommt. Gegen neun öffnete Sense das Tor, in jeder Hand einen stinkenden Eimer, in die er irgendwelche bösen Tränke gerührt hatte. Er setzte die Eimer ab, wischte sich über sein bierschwitzendes Gesicht und rülpste. Tatze stand unbeweglich hinter der Tür, das Summen wurde sehr laut. Dann sprang der Panther. Ein großer, apathischer Rottweiler ging ihm zur Pfote. Es dauerte ziemlich lange, bis Sense einsah, daß seine Schreie nutzlos waren, weil seine Kumpane und seine finstere Familie noch im tiefen Schnapsschlaf lagen.

Es dauerte ziemlich lange, bis jedes Tier an ihm getan hatte, wie es wollte. Irgendwann fuhr seine schwarze Seele zur Hölle, und als seine Spießgesellen fanden, was von ihm übrig war, entsannen sie sich an Gebetsreste aus ihrer Kindheit. Sie hatten Angst, verrückt zu werden. Die Kripo war hilflos, denn alle Tiere saßen ruhig in ihren verschlossenen Käfigen, bis auf einen kleinen, weißen Kater mit einer gelben Pfote. »Na, du?« sagte ein Polizist und sah den Kater an, um nicht auf das Ding unter der Pferdedecke schauen zu müssen. Der Kater Tatze legte dem Polizisten seine goldene Pfote aufs Ohr, es kitzelte. Nach fünf Minuten sagte der Polizist zu den anderen Polizisten, während er das Gemurmel des Polizeiarztes überhörte: »Es mag gewesen sein, wie es will, die Viecher können nichts dafür. Wir sollten Lisa Katz vom Tierheim holen, damit sie sich kümmert.« Und Lisa Katz kam tatsächlich! Plötzlich, im *Lohengrin*, war sie so unruhig geworden wie noch nie. Sie kam, Tatze legte ihr seine Pfote aufs Ohr, und sie sagte nach fünf Minuten: »Diese Geschichte übernehme jetzt ich.« Und weil sie nicht gestorben sind, leben sie noch heute.

Eva Demski
ALBUMBLATT FÜR ADELE

Wie lange hatte ich nicht an sie gedacht! All die vielen Katzenerinnerungen, die Geschichten und zärtlichen Nachrufe, die im Lauf der Jahre entstanden waren, verschwiegen sie, es war, als hätte es sie in meinem Leben nicht gegeben – Adele. Warum war ausgerechnet sie so gründlich in Vergessenheit geraten? Ich weiß nicht, wieso sie mir plötzlich ganz deutlich vor Augen stand, nach immerhin vierzig Jahren, jedes Fleckchen auf ihrem Fell war plötzlich sichtbar, ihr schiefer Schnurrbart, die ganze, unglückselige Figur. Mein Vater hatte sie sich schenken lassen, ein kleines, etwas dürftiges Herbstkätzchen mit einem etwas kümmerlichen Gesichtchen. Sie hatte eine kuhartige Zeichnung, schwarz, grau und weiß gefleckt, und sie war sicher das einzige Überlebende dieses Herbstwurfs, mit dem auf dem Hof, wo sie herkam, kurzer Prozeß gemacht worden war, wie in jedem Jahr. Sie habe ihm leid getan, sagte mein Vater, und meine Mutter war fest entschlossen, dem armseligen Tier jede nur mögliche Liebe entgegenzubringen. Damit etwas Edles sie umgäbe, erhielt sie den stolzen Namen Adele. Adele wuchs. Sie spielte nicht viel, dafür fraß sie um so lieber, mit jener geduldigen und verzweifelten Dauerhungrigkeit, wie man sie von ganz armen Leuten kannte. Sie ißt wie eine Sudetendeutsche, sagte meine Mutter, um meinen Vater zu ärgern, der einige Tanten und Onkel hatte, bei denen tatsächlich die gleiche Art, sich Speisen einzuverleiben, beobachtet werden konnte. Ja, das was Adele tat, muß »einverleiben« genannt werden. Jedes Krümelchen Nahrung diente dazu, einer feindlichen Welt ein Stückchen Kraft abzutrotzen, sich zu wappnen für einen lebenslangen Kampf, der nicht zu gewinnen war. Adele fraß fast alles. Es war ja noch längst nicht die Zeit der tausend bunten Sorten von Katzenfutter, und wenn man damals jemandem gesagt hätte, daß die kätzischen Freßgewohnheiten dereinstens ein riesiger Markt bedienen würde, mit aufwendiger Werbung und der Behauptung, Katzen würden grade dieses und kein anderes Futter kaufen, wäre man für nicht bei Trost gehalten worden. Essen war damals, für Mensch und Tier, eine ernste und mit Dankbarkeit bedachte Angelegenheit, die dauernde, vierundzwanzig Stunden während und tausendfältige Verfügbarkeit von Nahrungsmitteln lag noch in weiter Ferne, und keiner konnte sie sich auch nur vorstellen. Adele bekam also Essensreste und manchmal ein bißchen Fleischabfall und fraß alles dankbar und mit sichtbarem Ergebnis auf. Sie hatte ein kleines Gesicht behalten, ein immer ein wenig verdutzt wirkendes kleines Gesicht mit riesengroßen Ohren. Ihr schwerer, sackförmiger Leib paßte überhaupt nicht dazu, und mein Vater nannte sie Dumbo, weil ihr eigentlicher Name nie recht zu ihr gepaßt hatte. Ihr war es gleich. Sie schien es auch nicht übelzunehmen, wenn man über sie lachte. Das taten manche Erwachsene leider gern, sie machten Bemerkungen über Adeles Ungeschlachtheit und ihr pomadiges Naturell. Warum waren die Erwachsenen so? Warum wollten sie immer, daß ihnen etwas gefiel? Als sei die Welt dazu da, hübsch und angenehm zu sein, gerade damals, wo überall noch die Trümmer herumlagen, die sie nur wenige Jahre zuvor angerichtet hatten. Uns Kindern machten die Trümmer ebensowenig aus wie die Häßlichkeit der Katze Adele, ich glaube nicht einmal, daß wir sie häßlich fanden. Ich kann mich jedenfalls nicht erinnern, daß irgendein Kind unfreundlich oder höhnisch mit ihr umgegangen wäre. Wir mochten sie. Sie ließ sich widerspruchslos spazierenfahren und schleppen, schwer und behaglich hing sie einem über dem Arm und ließ die Pfoten baumeln. Sie war nicht niedlich, sie war verläßlich. Abenteuer reizten sie nicht, eher versehentlich hatte sie einmal eine Maus gefangen, die sie vor sich hinlegte und den ganzen Tag tiefsinnig betrachtete. Es kam nie wieder vor. Nur ein Problem gab es, mit dem keiner fertig wurde. Adele war nicht sauber. Vielleicht war sie zu jung von ihrer Mutter weggekommen, vielleicht begriff sie einfach nicht, was da von ihr verlangt wurde – sie lernte es nicht, und ihre Seen waren in der ganzen Wohnung verteilt. Bei aller, ja, der wirklich allergrößten Tierliebe meiner Mutter – da machte sie nicht mit. Beratungen wurden abgehalten, alte Erziehungsmethoden ausprobiert – es nützte nichts. Adele pinkelte, wo sie ging und stand, mit ihrem kleinen, erstaunten Gesicht lauschte sie den Beschimpfungen nach und begriff sie nicht. Ich paktierte mit ihr. Ich ließ die Spuren ihrer Schande verschwinden, wann immer ich sie fand, manchmal dachten die Erwachsenen ein paar Tage lang, nun sei es geschafft

– ach, ich wußte es besser! Im Sommer ging es, da waren Kinder und Tier die ganze Zeit in den Gärten, aber im Winter! Es wurde beschlossen, daß Adele in den Keller umzuziehen hätte. Das klang grausamer, als es tatsächlich war. Es handelte sich nicht um ein kaltes, finsteres Verlies, sondern um einen ganz kommoden, gemütlichen Heizungskeller, in den meine Mutter Körbchen und Decken geschleppt hatte. Ihr machte das alles am meisten zu schaffen, sie war bekümmert darüber, daß dieses gleichmütige und verschlossene Wesen keine Gefühle in ihr auslöste, wie es sonst jeder Katze gelang – sie hatte Adele gegenüber ein schlechtes Gewissen, weil sie sie nicht genug liebte. Vielleicht hatte sie sich auch immer ein bißchen für sie geschämt, vor all den schicken und künstlerisch ambitionierten Freundinnen und Freunden, Theaterleute, die Ästhetik und Modernität mit Löffeln gefressen hatten und Lebensart Tag für Tag neu erfanden. Alles stimmte doch bei uns daheim, der blaugrüne Mosaiktisch und der Berberteppich, die selbstentworfenen Samtsessel und die Muranoglasvasen, die weißen Bücherregale, das Klavier – irgendwie hatte Adele in all der liebevoll arrangierten Pracht nicht ganz passend gewirkt. Natürlich hätte das nie jemand von uns gesagt, vielleicht nicht einmal gedacht, aber nun ging es eben nicht anders, und Adele bezog ohne erkennbare Trauer ihre Portiersloge neben der Heizung. Sie lebte neben uns her, bekam ihr Futter und manchmal ein bißchen was extra, und sie schien ganz zufrieden zu sein mit ihrer Unscheinbarkeit. Es fiel niemandem auf, daß sie noch dicker wurde. Schleppend gegangen war sie schon immer, und man war an die langsame, weißgefleckte Kugel so gewöhnt, daß es gar nicht auffiel, als sie sich ein paar Tage nicht sehen ließ. Meine Mutter fand dann das Wochenbett hinter der Heizung, und Adele, die trotz ihres Äußeren offenbar einen sehr attraktiven Liebhaber gefunden hatte, entpuppte sich als so gute Mutter, wie es alle Katzen sind. Ihre Kinder waren von Anfang an sehr hübsch, und Adele stand ein glückliches Staunen im großohrigen kleinen Gesicht. Ich erinnere mich nicht, was aus Adeles Kindern wurde – aber ich bin sicher, daß wohlanständige, bürgerliche Plätze für sie gefunden wurden, zumal Adele ihre Schwäche nicht weitergab, sondern eine rabiate Sauberkeitserziehung vornahm. Nach allen Regeln der Kunst packte sie die Kleinen im Nacken und ließ sie unsanft ins Katzenklo fallen, bis sie begriffen – es schien, als wollte Adele mit aller Konsequenz die Voraussetzungen für eine Karriere ihrer Kinder schaffen. Meine Eltern hatten ein schlechtes Gewissen und trugen den Korb mit Mutter und Nachwuchs in unsere Küche. Das war aber sinnlos, denn Adele schleppte ihre Kleinen, Kätzchen für Kätzchen, wieder hinunter in den Heizungskeller. Was in ihrem Kopf vorging, weiß ich nicht. Als zwei oder drei Monate später die Katzenkinder abgeholt wurden, schien Adele kaum zu trauern. Sie fand wieder in ihren traumverlorenen Rhythmus von Fressen, Dösen und Schlafen zurück, zufrieden in ihrem Keller, dem sie einen ganz unverwechselbaren Geruch verliehen hatte. Die Städte wurden aufgebaut. Die Väter, soweit man sie zurückbekommen hatte, machten Karriere. Die des meinen führte dazu, daß wir umziehen mußten. Es war gar nicht leicht, in der anderen Stadt eine so schöne Wohnung zu finden, wie wir sie hatten, nein, falsch – es ging gar nicht. Ob wir einen Garten haben würden? Ja, eine Art Garten sei schon dabei, also eher ein Hof, aber dafür sei die Stadt viel aufregender und ganz leicht mit der Straßenbahn zu erreichen, und die neue Schule versprach interessanter zu sein als die alte. Das Klavier müßten wir allerdings verkaufen, aber dafür gäbe es in der neuen Wohnung eine Ölheizung und nicht mehr so ein altes Koksding, das man zu den unmöglichsten Zeiten zu füttern hatte. Heizung. Ja, da war es herangekommen, das Schweigen, man war der Frage bisher ausgewichen, aber nun ließ sie sich nicht mehr umgehen. Es wurde, kann ich mich erinnern, viel gehustet bei diesem Gespräch. Es sei mit den Nachmietern vereinbart, daß sich für Adele nichts ändern werde. Man habe auch eine Summe Geld für ihren Unterhalt hinterlegt. Ich sähe doch gewiß ein, daß es so für alle das beste sei. Damals habe ich diesem Satz zum erstenmal mißtraut.

An den Abschied kann ich mich nicht mehr erinnern. Bald darauf bekam ich einen Siamkater. Einmal, Jahre später, sagte meine Mutter, wenn sie sich wegen irgend etwas vor Gottes Thron werde verantworten müssen, dann wegen Adele. Ja, ich hatte sie vergessen, aber nun ist sie wieder da, in meinem Kopf, und sie wird nicht mehr daraus verschwinden, auch wenn ich es mir wünsche.

Hilde Domin

DIE ANDALUSISCHE KATZE

Am ersten Abend, als wir eingezogen waren, kam sie. Sofort stellte sich ein schweigendes Einverständnis zwischen uns her. Sie schien zu sagen: »Ich diene euch als Katze. Ich bin lebendiger als ein Sessel oder ein Tisch. Aber ich will so beständig um euch sein wie die Möbel. Wenn ihr eine Katze habt, ist es fast, als wärt ihr zu Hause.« Wir antworteten: »Du bist eine herrenlose Katze. Eine schwarze, dünne, herrenlose Katze. Du bist nicht schön, aber du bist lebendiger als die Möbel. Wir sind Durchreisende. Hier – und nicht nur hier. Trau uns nicht. Wir sind nichts Festes. Aber solange du uns hast, wird es fast sein, als habest du einen Herrn und ein Heim.«

Die Katze blieb bei uns. Es war keine schöne Katze, es war keine besonders lebhafte oder kluge Katze, aber es war eine bescheidene und unaufdringliche Katze, die nie vergaß, daß sie nur zu Gast war, auch wenn sie die Hauskatze spielte. Sie saß am Tisch und bettelte nie. Sie kam morgens auf die Terrasse vor dem Schlafzimmer. Aber sie schwieg und erhob nie die Stimme, um Einlaß zu verlangen, bis wir aufstanden und aufmachten. Wenn wir lasen oder schrieben, saß sie bei uns. Gingen wir spazieren, so begleitete sie uns bis auf die Landstraße, genau wie unsere eigenen Katzen es zu tun pflegen. Und bei unserer Rückkehr saß sie schon am

Gartentor. Wir fühlten uns sehr zu Hause, nicht nur der Katze wegen.

Das Haus lag über dem Meer wie ein Schiff, mit Terrassen anstelle der Decks. Es war ganz von Geranien und Bougainvilleas umwachsen. Wenn man morgens die Augen aufmachte, sah man gleich auf das Meer, leuchtend glatt und blau. Der Sonnenaufgang wurde einem ans Bett gebracht wie ein Frühstück, zu einer annehmbaren Stunde, kurz vor neun.

Wir ließen unsere Bücher kommen und blieben in dem Haus, das wir für vierzehn Tage gemietet hatten. Wir blieben für eine längere Zeit. Aber doch nur für eine bestimmte Zeit. Das schien die Katze nicht zu verstehen. Wie die Tage vergingen, ohne daß wir abreisten, begann sie zu denken, wir seien gekommen, um zu bleiben. Die vielen Bücher über dem Kamin – da stellten wir sie auf, denn es war ein Kamin, der rauchte, ein Kamin, dessen schwarze Geschichte außen auf den roten Ziegeln zu lesen war, kurz ein Kamin, den man besser nicht anmachte – die vielen Bücher also über dem kalten Kamin beruhigten die Katze vollends über unsere soliden Ansichten. Das erste Mal, als ich nach Malaga gefahren war, war sie verzweifelt dem Autobus nachgelaufen, so daß sie beinahe unter ein Auto gekommen wäre. Jetzt begann sie, den Autobus mit freundlichen Augen anzusehen. Sie saß immer pünktlich auf der Mauer, um mich zu empfangen, wenn ich mit den Einkaufstaschen zurückkam. Die Fische in Malaga sind vorzüglich. Der Petersfisch mit dem Groschen des heiligen Peter auf dem Bauch war ihr der liebste, weil er einen so großen Kopf hat und auch an Schwanz und Flossen viel dran bleibt.

Im Januar – luna de enero, luna de amor, Januar, du Liebesmonat – bekam die Katze den Besuch mehrerer Verehrer. Die Kater, die unserer Katze den Hof machten, hatten es nahe genug. Sie brauchten nicht erst von einem der Dörfer oben auf den Hügeln zu kommen, denn sie trieben sich ohnedies auf dem Anwesen herum. Gleich zu Anfang, als sie sahen, wie erfolgreich sich die Katze hatte adoptieren lassen, hatten sie sich uns vorgestellt und um Aufnahme nachgesucht. Es waren ein weiß und rot gefleckter, mit unsympathisch impertinentem Blick, aber einem durchaus würdevollen Benehmen, ganz gut im Fleisch, was für seine Lebenskunst sprach, und ein widerlich schleimiger schwarzer, ausgehungert und scheu, dem man es anmerkte, daß er selten auf Gegenliebe traf. Wir mochten beide nicht und wiesen sie ab. Sie lebten von gelegentlichen Almosen, wenn die andern Häuser bewohnt waren.

Außerdem gab es noch einen abgemergelten gelben Windhund, der bisweilen unten am Strand erschien, ein hochbeiniges Gerippe, und dort, gelb auf dem gelben Sand, mit trauriger Gleichgültigkeit in den Muscheln schnupperte, die vom Essen der Fischer liegengeblieben waren. Das Boot mit den drei Fischern gehörte zu dem Stück Meer vor unserem Haus. Im Morgenlicht lag es immer schon auf dem Wasser, schwarz wie die Möwen, ehe die Sonne steigt. Dann wurde es weiß. Aber obwohl sie den ganzen Tag fischten, hatten die drei Fischer nie mehr zum Verkauf anzubieten als hin und wieder einen Tintenfisch. Vielleicht fehlten ihnen ganz einfach die Geräte für einen ordentlichen Fang. Aber es schien ihnen nichts auszumachen, daß so gar kein Geld herein-kam bei diesem Leben, bei dem sie den ganzen Tag arbeiteten, oh-ne doch wirklich zu arbeiten. Am Mittag zogen sie das Boot ans Land und kochten ihre Muscheln. Dann schliefen sie in dem schmalen Schatten, den das Boot auf den Sand warf, und fuhren wieder hinaus, bis bei Sonnenuntergang die Schatten der Berge von Afrika hinter dem Horizont heraufstiegen.

Aber über den Fischern habe ich ganz die beiden Kater vergessen, die Verehrer der Katze. Dabei machte ihre Gegenwart sich im Ja-nuar fühlbar genug. Sie stürmten unser Haus und hetzten sich durch die Zimmer. Sie hangelten sich die Gardinen hinauf und bezogen lieber einen Posten hoch oben auf der Gardinenstange, statt das Feld zu räumen. Wenn man sie zu einer Tür hinausjagte, kamen sie zur nächsten herein.

Schließlich verschwanden sie. Die Katze war schwanger. Mit Mü-he überzeugten wir sie, daß die sich in der Schreibtischschublade anhäufenden Manuskriptseiten noch nicht für ein angemessenes Wochenbett ausreichten. »Vielleicht bis zum nächsten Mal«, ver-tröstete sie sich, und nahm dann mit einer groben roten Decke im Fenstereck vorlieb. Es waren vier Kätzchen. Schön waren sie nicht. Das ließ sich bei den Eltern auch nicht erwarten. Zwei Kätzchen waren schwarz, zwei waren dreifarbig. Die schwarzen Kätzchen hatten weiße Pfötchen und einen weißen Kragen wie Waschbären. Wir nannten sie »Schneeweißchen« und »Schneepfötchen«, um der Katze eine Freude zu machen. Auf spanisch natürlich, denn sonst hätte sie es nicht verstanden. »Blanca-nieve« und »Blancamano«. Die Besitzerin des Anwesens hieß ohnehin Doña Dulce Nieves, »Frau Süßer Schnee«. Sie war eine schlecht gelaunte Blondine, die, nachdem sie die Häuser einmal mit großem Geschmack eingerichtet hatte, sich nicht weiter um sie kümmerte, denn sie wollte gar nicht erst wissen, was alles reparaturbedürftig war. Daher kam sie auch nie dazu, die Namensverwandtschaft zu feiern. – Den beiden anderen Kätzchen gaben wir Namen aus den Gesellschaftsanzeigen der Madrider Zeitung. Schöne und besondere Namen, wie sie nur in Spanien in den Zeitungen stehen.

Albert Ehrenstein
DER SELBSTMORD EINES KATERS

O Mensch, sei lieb
Nicht nur zu dir:
Was stieß und trieb
Das arme Tier,
Den kleinen, schwarzen Kater fort?
Im Leben hilft nur selige Tat,
Zu spät wird Reue Wort.

S eine Eltern hab ich nicht gekannt. Auf unserm Hof ist er nicht aufgewachsen. Es muß ihm aber jedenfalls hundeschlecht gegangen sein, denn gewöhnlich verlassen Katzen das Haus ihrer Jugend absolut nicht. Der arme, schwarze Teufel kam zu mir, rieb sich an meinen Füßen und bat mich inständig um meine Protektion. Daß er zu mir kam, ist ein Wunder. Fremde Kater sind sonst sehr scheu. Er war total verhungert und räudig. Da nahm ich ihn auf. Denn auch ich war räudig. Ich hatte bei der Matura nicht geahnt, daß man zur Füllung von Thermometern außer Weingeist und Quecksilber auch Toluol verwenden kann. Und ich wußte noch eine Menge derartiger Toluole nicht. Nachprüfung. Ich bin allein und zähl die Blätter, die von den Bäumen fallen. Ich laß das Fenster offen: Es wär mir ein Erlebnis, wenn mich eine Gelse stechen wollte.

Wie gesagt, brachte er ein schwarzes Fell über sich. Beim Gesinde hieß er deswegen Zigeuner: Zsigan. Ich nannte ihn Kerouen. Thomas Kerouen. Die zwei Namen dürfen nicht befremden. Meine Kater haben immer Vor- und Zunamen. Ich füll sogar einen Meldezettel für sie aus. Die Polizei wünscht es.

Er war noch jung, etwa ein Jahr alt. Oft spielte er mit einem kleinen, braunen Hund namens Libor.

Tagsüber war er im Bureau – auf den Fruchtböden gab es Legionen von Mäusen, die ihn nicht zu Atem kommen ließen. Er blieb bei ausgezeichneter Verköstigung so schlank, so mager wie zuvor. Man wird fragen, viele Leute wird es interessieren, was Kerouen gegessen hat? Nun, so opulent wie bei hanseatischen Mahlzeiten ging es nicht her. Es galt für ihn die gewöhnliche, auf Milch, Milchbrei, einfache Mehlspeisen, Suppen, Grünzeug, Fleischabfälle, Hühnerknochen beschränkte Katzendiät. Aber wenn er nach erfolgreicher Jagd durchs offene Fenster zu mir aufs Sofa sprang, zu spinnen begann und die dürren, staubbedeckten Flanken an mir zu reiben versuchte, dann konnt ich ihn unmöglich mit dieser ordinären Hausmannskost abspeisen.

Ich hätt nicht so gut zu ihm sein sollen. Das wär für uns beide besser gewesen. Bei Licht schien er ein alltäglicher Gesell, in der Nacht wirkte er leicht unheimlich. Ich mußt ihn einige Zeit durch bei mir im Kabinett übernachten lassen. Er fing die Mäus weg, gut – doch wenn ich aus schweren Alpträumen erwachte, saß der

schwarze Dämon mit grün glitzernden Augen auf meiner Brust und schnurrte irgendeinen Siegeshymnus. Ich ließ ihn nicht mehr ins Kabinett. Aber damit er nicht glaube, ich gönn ihm etwa die darin befindlichen Mäus nicht, stellt ich Fallen auf. Fing sich ein Tierchen, ging ich mit der Falle zum Brunnen, ersäufte die Maus und wartete mit ihr dem Kater auf. Kerouen hatte sonderbarerweise keine Abneigung gegen Mausfallen, es fiel ihm nicht ein, die Konkurrenz zu zertrümmern, er lebte offenbar in der Idee, das seien in seinen Diensten stehende Vorrichtungen, tributäre Instrumente, die ihm aus irgendwelchen Gründen Nahrung zu liefern hätten. Andererseits brachte er sie mit mir in Beziehung, er ließ sich nichts schenken, revanchierte sich regelmäßig: Ab und zu, wenn er eine besonders fette Maus erwischt hatte, schleppte er sie zu mir, legte sie vor meinen Füßen nieder und sah mich an. Um ihn nicht zu beleidigen, mußt ich die Maus annehmen.

Wenn es besonders heiß war, pflegt ich nach Tisch im Schatten der Mauern auf einer Wiese zu schlafen, die hart am Hinterhaus lag. Hie und da besuchte mich Kerouen. Er staunte über die Flugsprünge der Heuschrecken, hüpfte in drolligen Schwüngen hinter ihnen her, und manchmal gelang es ihm sogar, eine zu haschen. Die grätenartigen Beine biß er weg, das übrige behagte ihm. Seine Besuche waren also nicht ganz uneigennützig. Ich fühlte mich dadurch nicht gekränkt, sondern ging noch einen Schritt weiter: Ich machte ihn auf die Frösche aufmerksam. Aber er verschmähte selbst die jüngsten, zartesten, behendesten, ließ sie unbehelligt ihren Weg ziehen zu den seligen Sümpfen. Ich bin überzeugt: Manche Katzen haben dieselbe Abneigung gegen Froschschenkel, wie wir sie gegen Hundefleisch besitzen.

Ich hab eine aufregende Bekanntschaft gemacht. Sie heißt Miaulina, trägt ein blaues Seidenschleiferl um den Hals und beschäftigt drei Kater. Kerouen ist einer von ihnen. Miaulina und Kerouen geben sich hie und da auf der Wiese ein Rendezvous. Es ist ihm also gar nicht eingefallen, meinetwegen die Wiese zu besuchen! So ein Schlankel!

Auch wir haben eine neue Wirtschafterin bekommen. So sehr ich mich gegen aufdringliche Parallelismen sträube: Kerouen und ich scheinen Schicksalsgenossen zu sein. Sie heißt gräßlicherweise Sabine, trägt einen Rosenkranz um den Hals und beschäftigt, soviel ich sehen kann, nur zwei Kater. Ich hätt also das Recht, zu Kerouen »Etsch!« zu sagen. Wenn ich's unterlaß, liegt das daran, daß der eine Kater für zwei ausgibt. Es erhöht die Freude des Wettbewerbs, so der Konkurrent ein Cousin ist. Kompliziert und gefährlich wird die Sache erst dann, wenn der Betreffende nicht nur Cousin, sondern auch Hauslehrer ist. Ich hab mich ja der neuen Wirtschafterin noch nicht entschieden genähert, es wär mir aber sehr peinlich, falls mich Robert einmal bei ihr träfe und sagte: »Albrecht! Wo sind wir stehengeblieben? Geh lieber Physik lernen.« Als ob das nicht die wahre Physik wäre.

Ich sah Zeichnungen von Rops durch, als Sabine in mein Kabinett trat. Schnell klappt ich die Mappe zu, damit sie mich frage, warum ich die Mappe so schnell zugeklappt hab. Natürlich fiel sie hinein.

Ich verweigerte die Auskunft. Sie sagte: »Sie werden mir's schon zeigen, Herr Wodianer!« Ich zweifelte nicht daran.

Robert hat einen größeren Schnurrbart. Er ist auch drei Jahre älter und bald Kadettoffizierstellvertreter. Zwischen seinem und meinem Kabinett liegt Sabines Schlafzimmer. Sie schläft nicht allein, zu ihren Füßen, auf einem Strohsack schnarcht das Küchenmädchen. In der Nacht begann der Trampel zu schreien. Ich eilte ins Schlafzimmer, da hörte die Neidische auf zu brüllen: Sie wies auf Sabines Bett – es war leer. »Der Herr Robert hat sie zu sich ins Kabinett getragen!« heulte die Magd.

Auch Kerouen ging es nicht gut. Seinen Geschmack billigte ich nicht. Miaulina war eine Allerweltskatze und zog ihm einen mächtigen, graugestreiften Angorilla und einen einäugigen Kater vor, der einen lichtbraunen, grobkarierten Anzug trug. Sie lief ihnen schnurrend und spinnend entgegen, warf sich auf dem Rücken hin und her, als wär ihr Rückgrat gebrochen, bot ihnen werbend den Bauch, wälzte sich wollüstig und schrie abscheulich. Der schmächtige Kerouen siegte nicht immer in den Kämpfen, und dann geschah es oft, daß sich ein fremder Kater im Hinterhof breitmachte und die ganze Nacht hindurch in der Brunst wie ein Schwein grunzte, wie ein Hund murrte, wie ein Kind klagte. Kerouen hatte das Seinige getan, der faulen Miaulina oft eine Riesenmaus gebracht, aber Mäuse sind in der Liebe nicht das einzig Ausschlaggebende. Und nach so einer Nacht, die von dem frechen Miauen, von dem unverschämten Gewinsel des graugestreiften Katers erfüllt gewesen, war der besiegte und verschmähte Kerouen immer sehr melancholisch gestimmt: Er kam wieder zu mir. Ich wußte, daß unglückliche Liebe vernichtet, und trachtete, ihm nach Kräften zu helfen.

Kaum Nacht über die Erde gefallen war, ob nun Regenschauer uns anprusteten oder aus blauhinhallendem Himmel der Mond uns sein kalkweißes Licht ins Gesicht schlug, Kerouen und ich zogen zu Felde, gingen nach dem Hinterhof. Er lief murrend einige Schritte voraus, ließ mich nicht nahkommen; ich schlich bewaffnet hinterdrein. Irgendwo im Dunkel ruhte gewöhnlich Miaulina und eilte Kerouen entgegen. Sie hatte für jeden Liebhaber dieselben Formalitäten, das Weitere allerdings mußten die Kater untereinander ausmachen. Im Hinterhalt lagen handliche Jauche- oder Wasserkübel, aber weder meine intelligenten Güsse noch Steinwürfe, durch welche die armen Kerle mit unbarmherziger Sicherheit von ihren Dächern weggefegt wurden, konnten die fremden Konkurrenten auf die Dauer verscheuchen. Miaulina besaß irgendwelche, für mich nicht sichtbaren Reize: Für jeden Kater, der, aus seiner Höhe gestürzt, mit gebrochenen Rippen ausschied, fanden sich schnellstens zwei Surrogate ein. Und gelang es einmal meiner strategischen Umsicht, die ganze Katerherde zu eliminieren, dann war regelmäßig auch Miaulina verschollen. Ihr in Feindes Land zu folgen, iniquo loco mit den Nebenbuhlern zu kämpfen, wagte Kerouen nicht recht, er war ja noch klein, erst ein Jahr alt, und bei einer derartigen Gelegenheit hatte einst ein Gourmand, ein alter, weiser Kater, untersucht, wie ein Ohr Kerouens schmecke. Die Leiden des jungen Kerouen konnte ich also auf diese Art nicht lindern. »Käterchen«, sagte ich, »siehst du, mir geht es auch nicht besser. In vierzehn Tagen aber wird Robert zur Waffenübung einrücken, dann werd ich wohl Sabine Rops zeigen können. Übrigens besitz ich große Konnexionen. Jetzt soll die zweijährige Dienstzeit eingeführt werden. Vielleicht läßt es sich unter Einem durchführen, daß auch die ältern Kater zur militärischen Dienstleistung einberufen werden. Ich will dem Kriegsminister einen diesbezüglichen Vorschlag unterbreiten.«

Man glaube nicht, ich hätte mich etwa aus Selbstlosigkeit Kerouen angeschlossen. Ich lud ihn ein, wieder bei mir im Kabinett zu schlafen, damit ich mir nicht ganz einsam und verlassen vorkomme. Er nahm an, und Punkt zehn Uhr gingen wir täglich zur Ruh. Wenn ich die Tür öffnete, gestattete ich ihm immer den Vortritt, denn er war mein Gast. Mäuse ließ ich ihn nicht mehr fangen, dies wäre mir wie Eigennutz und Entwürdigung der Freundschaft erschienen. Übrigens war ja nicht mehr die alte Wirtschafterin da, die streng darauf achtete, daß die Katzen ihr Futter verdienten. Die Alte hatte sich sehr vor den Mäusen gefürchtet. Als ob so eine arme Maus sich nichts Besseres wüßte, als ihr zwischen die Beine zu geraten.

Wie gesagt: Es paßte mir nicht, daß mein Freund arbeiten sollte wie ein gewöhnlicher Mausfänger. Da er aber doch Sachverständiger war, ernannte ich ihn zum Inspektor. Um ihn aufzuheitern, schaffte ich neuartige Fallensysteme an und demonstrierte sie ihm. Er sah sehr intelligent zu und schlug en passant die Krallen ins Drahtgeflecht, wie um dessen Stärke zu prüfen. In der Folge brachte er weder mir noch Miaulina Mäuse: Er war ja Industrieller.

Im übrigen benahm er sich jedoch keineswegs wie ein Parvenü. Es fiel ihm längst nicht mehr ein, nachts auf meiner Brust zu hocken, sondern er saß bescheiden und manierlich zu meinen Füßen auf der Decke. Er wurde zutraulich und lief mir den ganzen Tag nach. In der Wohnung. Denn mir auf die Gasse zu folgen – das vermochte ich bei ihm nicht durchzusetzen. Wenn ich ihn gewaltsam hinaustrug, begann er zu kratzen. Ebensowenig wollte er mir im Hof Gesellschaft leisten. Sein Grundsatz schien: Im Haus dien ich, außer Haus bin ich mein eigener Herr. Nicht etwa, daß er mich ignoriert hätte; es waren Reste von Wildheit, jener unbändigen Freiheitsliebe der katzenartigen Raubtiere, die in seinem Benehmen zutage traten. Die spitzfindigsten Versuche, ihn durch Delikatessen außer Haus an mich zu ziehn, nützten nichts; er verzehrte das Gebotene und war dann nicht mehr für mich zu sprechen, verschwand. In mir aber lag der Wunsch und Trieb, alles zu knechten. Ich wollt ihn nicht brechen, aber ins Unendliche biegen, seine Seele aus ihrem Reich jagen, sie über all ihre Grenzen hinaus an mich bringen.

Ich hab meinen besten Freund verraten. Es war nicht der erste Verrat, den ich beging, und ich verriet auch nicht das Gute um des Bessern willen. Feigheit und Eigensucht, die schamvolle Furcht, vom Freund besiegt zu werden an Größe der Ergebenheit, mit einem Wort: Mein niedriges Trachten trieb mich zum Mord. Geschah mir was, vergriff sich jemand an mir, wurde mir irgendein geringfügiges Leid getan, schrie ich Zeter und Mordio, erzählte Fremden, Gleichgültigen und Übelwollern meine Qualen. War aber ich der Herr und hatte die dominierende Position, drängte sich da ein liebesdurstiges Herz an mich, sich an mir zu wärmen, und war es selbst ein Herz, um das ich inbrünstig geworben hatte – ich vergaß nie, ich konnte es nicht verzeihn, daß ich so lang ohnmächtig unten hatte werben, dienen müssen, und beförderte das Herz, das Freundesherz, mein eigenes Herz mit einem Fußtritt auf den Düngerhaufen.

Durchs Dorf zum nahen Steinbruch zieht täglich ein Mordskerl, ein berüchtigter Raufbold, mit seinem wilden Riesenroß. Der Brandfuchs heißt »Teufel«. Der grausame Knecht reizt ihn unaufhörlich, dann wird das Pferd ungebärdig, schlägt aus, beißt, läßt niemanden nahekommen. Wenn das rote Ungetüm besonders stark tobt, schwingt der Lümmel seine Nagelpeitsche, reißt an dem Stachelzaum, bis der gebändigte Hengst das Bäumen aufgibt, mit blutig aufgerissenem Rücken, blutendem Maul stillsteht. Dann brüllt, lacht, grinst, höhnt der Bauernkerl triumphierend: »Halloh! der Oberteufel bin i!«

Mir stand kein höllisches Pferd, nur ein armer, kleiner, magerer Kater zur Verfügung, nichtsdestoweniger könnt ich mit größerer Berechtigung in die Welt schreien: »Halloh! der Oberteufel bin i!« Ich hab mich nicht geschämt, das kleine Tier zuschanden zu reiten.

Sonnenuntergang. Im Nachbarhaus ließ ein junger Slowak seine Schwermut in eine Harmonika strömen. Zu tun gab es nichts. Ich stand mitten im Hof und lauschte. Erst in drei Tagen sollte Robert einrücken. Mittlerweile war nichts zu machen. Ich dachte daran, auf achtundvierzig Stunden wegzufahren, nach Bruckenthal oder nach Sarmingstein, mir belanglose Dinge anzusehen, den Zusammenfluß zweier Ströme etwa, den Flug der Kiebitze über die Sümpfe hin, vielleicht auch waren einige Wildenten zu schießen. Sogar ein Ausflug auf unsere aussichtsvollsten Berge (den Großwolkner und den Hochnebel – nebst regenfreudiger Einkehr beim Wetterpechbauern) war projektiert. Da kam Sabine auf mich zu. Und gleich darauf, von einer anderen Seite her, hier einer provokanten Gluckhenne, dort mit großem Satz einer Kotlache ausweichend: Kerouen. Es war das erste Mal, das er mich im Hof aufsuchte. Mir galt es, nicht der Miaulina, nicht den Heuschrecken, jetzt galt es mir. Aber es war nicht Liebe. Es war Eifersucht. Etwas Weiches schmiegte sich werbend an meine Füße. Ah, auf einmal schien es ihm pressant, zu mir zu kommen! Aber ich stellte nicht vor, ich sagte nicht: »Dies ist Kerouen. Thomas Kerouen. Der Kater meiner Seele, der einzige Kater, der existiert.« Ich schämte mich meines Freundes, wollte die kindliche Gefühlsweichheit meiner Seele verstecken wie eine geflickte Stelle im Gewand. Ich tat hart und tyrannisch. Und er war zu mir gekommen!

Ein Fußtritt – etwas Schwarzes überschlug sich in der Luft, wirbelte einen Augenblick zappelnd über dem Düngerhaufen und fiel dann auf einen psychisch minderwertigen weißen Hahn nieder, der empört »Kotkotkodutot« schrie.

»Halloh! der Oberteufel bin i!«

Der Arbeiter Janku auf dem Fruchtboden droben sah zu und grinste meiner Roheit Beifall. Der Kater, vergeltungsweise auch einmal von Jauche über und über bedeckt, lag zunächst ganz still, schrie nicht wie jener Pariahahn und war auf einmal verschwunden. Sabine besaß die übertriebene Freundlichkeit, mir mitzuteilen, Robert habe einen längeren Aufschub seiner Waffenübung erwirkt. Ich verneigte mich und ging – ging in der Richtung, die Kerouen eingeschlagen hatte. Aber er war nicht mehr zu erblicken, hatte sich mit seinem Leid verkrochen. Mein Opfer war vergeblich gewesen, und nun wollte auch er mich nicht sehn. Und ich hätt ihm doch so gern die ganze Sache erklärt! Diese meine Untat war nicht die erste. Die Kindheit und Jugend von Verbrechern muß Dinge enthalten, die den spätern Befriedigungen irgendwie analog sind. Und sie enthält sie auch. Ich habe schon früher Katzen umgebracht. Als Kind hab ich uralte oder ganz junge Katzen, mit denen ich einige Zeit gut Freund gewesen, plötzlich gepackt und aus der Höhe von Stiegen und Böden in die Tiefe geschleudert – um zu kontrollieren, ob sie auch richtig auf die Füße fallen. Man nenne das nicht kindlich-grausame Experimentiersucht, die früh der Gottheit: dem Lesebuch, den Glauben kündigt. Bei Katzen, die im kräftigsten Alter standen, unterließ ich derartige Proben: Ich ahnte, sie könnten sie bestehn.

Es wär übrigens ein Irrtum, anzunehmen, ich hätt Kerouen durch jenen Fußtritt getötet. Er erfreute sich auch fernerhin der besten Gesundheit. Ich hab ausdrücklich hervorgehoben, daß Kerouen sich nicht über schlechte oder wenig reichhaltige Kost zu beklagen hatte. Als Knabe liebte ich einst ein schwarzes Hähnchen, es starb – und dies war teilweise meine Schuld – jung und ohne Leibeserben zu hinterlassen. Nichtsdestoweniger dürfte mich jeder verstehn, wenn ich sage, ich hätte Kerouen gewissermaßen mit den Knochen und Überresten dieses Hähnchen gemästet, indem ich ihn oft mit Hühnerbraten traktierte. Jede junge Freundschaft wird von den Resten der alten, in Feindschaft verwandelten ernährt. Zumal, wenn sie bereits wieder brüchig zu werden droht. Also lebte Thomas – ich war taktlos genug, jetzt intimer zu werden und Kerouen beim Vornamen zu rufen – er lebte wie ein Grandseigneur, es ging ihm nichts ab. Kein Kater der Welt dürfte so viel Mausfallen besessen haben wie er. Und gar an dem Tag, wo er zum Kommerzialrat ernannt wurde, ging es hoch her. Aber er wollte nicht mehr, er war meiner und dieser Welt müde.

Denn sonst hätt er nie tun können, was er mir tat. Kerouen hatte es doch wahrlich nicht nötig, und auch das Verbotene konnte ihn nicht reizen, dazu stand er ethisch zu hoch: Er war überfüttert. Ich hatte mich endlich doch entschlossen, hatte gepackt und war weggefahren, nach Bruckenthal oder nach Sarmingstein, mir endlich belanglose Dinge anzusehn, den Wetterpechbauern oder einen Flug der Kiebitze über die Sümpfe hin – aber bevor ich noch daran gehn konnte, kam die Nachricht: »Kerouen schwer erkrankt!«

Es griffen die Keren nach Kerouen.

Was war ihm Wurst und Speck! Es ist nicht denkbar, daß er nach derlei Dingen gegiert hätte. Gut: Er hatte dem Arbeiter Janku täglich aus dem abgelegten Rock Frühstückswurst und Mittagsspeck gestiebitzt. Aber doch nicht, um diese unsäglich gemeinen Sachen zu verzehren. Vulgär war sein Geschmack nie. Nicht einmal aus Freude am Metier, an diesem männlichen Metier, brach er ein, nein! er stahl, um dafür halbtot, tot geprügelt zu werden. Er hatte mir noch immer nicht den Fußtritt vergeben. Der Freund hatte ihn verlassen, da verließ er den Freund. Er machte sich meine Abwesenheit zunutz, sich zu entfernen.

Es sah wie ein Zufall aus, der Arbeiter Janku spielte dabei die lächerliche Rolle eines Werkzeugs. Kerouen hatte bemerkt, wie Janku den Fußtritt beifällig begrinst hatte. Früher hätte Janku sich nicht unterstanden, über Kerouen auch nur despektierlich zu denken. Aber er hatte zugesehn, als ich den Kater mißhandelte – und Kerouen seinerseits hatte ihn dabei gesehn, lief zu dem Arbeiter und stahl ihm die Wurst. Zu andern Zeiten hätte Janku Schadenersatz verlangt und nicht selbst den Richter gespielt. Nun aber besaß er ein neues Erlebnis, faßte meinen längst zurückgenommenen Fußtritt als Aufforderung und Erlaubnis auf, dem Kater den Rest zu geben. Den komplizierten Windungen unseres Benehmens nachzuirren, war er nicht geschaffen, er gehorchte einem Weltgesetz: Wen der Herr tritt, erschlägt der Knecht. Nein, Janku trug nicht schuld, und dann war er schon dreißig Jahr im Haus, ihn konnte man nicht entlassen. Sicherlich hatte er geglaubt, mir einen Dienst zu leisten. Warum auch, sagte er, war der faule Zsigan nicht lieber nach den Mäusen der Welt gelaufen, statt ihm den Speck zu stehlen?

Das Bild des toten Katers weicht nicht aus meinem Kopf. Ein Steinwurf hatte dem armen Kerouen den Schädel zerschmettert, den Leichnam auf ein Stoppelfeld geschleudert. Er lag unweit einer Mauer – wie die Kater, die ich seinetwegen von den Dächern herabgeholt hatte. An seinem dünnen »Es ist erreicht«-Schnurrbart klebten spärliche Tropfen geronnenen Blutes. Das Rot seines Blutes war ein anderes als das des Ziegels, von dem er sich töten ließ. Er war nicht aus der Welt geschlichen – aufrecht, überlegen war er aus der Welt gegangen, mich ließ er höhnisch zurück in der Mausfalle des Lebens. Die Pfoten hatte er ein für alle Mal dezidiert von sich gestreckt, ein Rabe aber bekannte sich zu ihm, flog vom Weingebirg heran auf seinen Leichenschwingen, stieg hernieder, krächzte ruhmredig und verkündete die Annexion. Kerouen sollte also noch jemandem zugute kommen. Möge er, dachte ich, möge ihn der Rabe zu sich nehmen, vielleicht kann er damit wieder einen Propheten in der Wüste ausspeisen.

Aber für den Zweck stank mein Frevel wohl schon allzusehr zum Himmel, der Rabe erhob sich Rache krächzend und überließ mich wieder meinem Opfer. In der Selbstmörderecke des Bauernfriedhofs, wo die Wanderer und Zigeuner ruhn, wollte ich Zsigan nicht beerdigen lassen. Wo sein Grab liegt, darf nur ich wissen. Er hinterließ – wie gewöhnlich – nur wenig, und hatte es vorher schon anstandshalber zugescharrt. (Wenn er stark gejaust hatte, eilte er zu einem Sandhaufen, begann zu scharren, machte mit gequälter Miene einen Buckel, seine Vorderfüße kamen fast zwischen die Hinterbeine zu stehen, und das Resultat verscharrte der

Schatzgräber sorgfältig.) Soweit ich die Menschheit kenne, wird sie sich um diesen Nachlaß nicht kümmern.

Der Nachbar hat mich auf Schadenersatz verklagt. Ich habe Miaulina mit einem Flobertgewehr erschossen. Sie soll nicht triumphierend des Lebens genießen, während Kerouen verwesen muß. Der Sabine habe ich gekündigt, nicht ohne ihr vorher Rops gezeigt zu haben. Dies alles war Rache für Thomas Kerouen. Doch was konnten die armen Katzen dafür? Sie ahnten nicht, was sie verbrachen. Sie konnten nicht anders. Aber ich, ich! Wie kann ich mich züchtigen?

Er hat es eilig gehabt, er hat sich auf und davon gemacht, ohne sich auch nur Zeit zu nehmen, seinen Schnurrbart zu putzen: vom Blut zu reinigen. Aber ich will mich vom Blut reinigen, ich will meine Tat sühnen. Eine Zeitlang hockte wohl nachts auf meiner Decke ein schwarzes Gespenst, verwaiste Mausfallen begannen zu rasseln, Kerouen drohte, mich zu ersticken, mir die Kehle durchzubeißen.

Ich fahr auf, aber dann ist ja alles wieder verschwunden, und der Schlaf kehrt zurück. Klein, außer allem Verhältnis zur Schuld ist die Strafe, und groß sind die Gewissensbisse. Wenn ich den Kater wenigstens eigenhändig umgebracht hätte! Doch er hat mich umgebracht, und ich habe mich unsterblich blamiert. Und kann mich nicht rächen: Ein armseliges Tier übertraf mich an Seelengröße, vollzog geschickt das Harakiri, und mir ließ es das Leben!

Im Keltischen heißen Burgruinen: Kerouen. Aber nicht er war in Trümmer gefallen. Ich blieb als Ruine zurück. Kerouen, Kerouen!

Ich hab mich dem Kommissariat gestellt. »An meinen Händen klebt Blut«, sagte ich, »ich hab meinen Kater erschlagen.« »Sie waren doch der Herr«, behauptete der Polizist, »Sie durften machen, was Sie wollten.« Dann fiel es ihn an, ich sei nicht recht bei Trost, und er rief den Beamten. Ich blieb bei meiner Anzeige. »Derart feine Rechtsbegriffe machen Ihnen alle Ehre, Herr Wodianer, aber wohin käm man da!« »Das wär auf dieser Erde nur logisch«, erlaubt ich mir einzuwerfen. Da geriet der Beamte in Rage. »Sie sind reif fürs Irrenhaus!« Ich brauch also die Nachprüfung nicht zu machen. (Hier ging es ohne Toluol.)

Mir bleibt nichts übrig, als vor Leuten zu warnen, die ein Tagebuch führen. Wenn ihnen ein Freund erschlagen wird, wissen sie, daß das Rot seines Bluts ein anderes ist als das des Ziegelsteins, der ihn entfernte. Ich war niederträchtig genug, diese Geschichte zu schreiben, die Leute werden sie ausgezeichnet finden, man wird nicht den Verkehr mit mir abbrechen, man wird weder mir noch sich ins Gesicht spucken. Alle Menschen sind wie ich. Ich stelle die Menschheit dem Kommissariat.

Renate Fabel
ALLE MEINE KATZEN

Wir hatten unseren Stromer, ein Goldstück von Kater, der uns buchstäblich eines Tages ins Haus schneite – er stand, dick mit Schneeflocken eingepudert, auf der Türschwelle und schrie sich das Stimmchen aus dem winzigen Leib –, und wir beteten ihn an. Ich küßte ihm die Pfötchen, bettete seinen kleinen Kopf zwischen meine Hände, tauschte stundenlang zärtliche Blicke mit ihm. Aber eine Katze war nicht genug, fand ich, besonders wenn die Ehehälfte ebenso vernarrt ist in den schnurrenden Hausgenossen wie man selbst. Und das war bei Hans der Fall. So kam zwar Stromer ohne Schwierigkeiten auf seine Streicheleinheiten, doch ich selbst blieb auf der Strecke.

Um längeren Grübeleien zuvorzukommen, beschloß ich, mir eine Katzensammlung zuzulegen. Keine lebendigen Exemplare selbstverständlich – das hätte Stromer nie erlaubt –, nein, sondern kleine Figuren aus Holz, Porzellan, Plastik, wie es sich gerade ergab. Dabei sollte keine mehr als zehn Mark kosten, dieses Limit hatte ich mir gesetzt. Und die Figürchen durften auch nicht kitschig sein, höchstens komisch. Das erste Exemplar war eine zierliche Katze aus Plüsch, die eine kleinere zwischen ihren Pfoten hielt. Die Freude hielt nicht lange an. Stromer schleppte Mutter wie

Kind in seinem tropfenden Mäulchen davon, beim Staubsaugen fand ich die skelettierten Reste. Auch das zweite Sammlungsstück, ein Kätzchen aus Salzteig, erfreute sich keines langen Daseins. Stromer, sonst eher ein Süßer, kaute so lange darauf herum, bis die Ohren fehlten und der Körper mit Nagespuren übersät war. Der landete darauf im Abfalleimer.

Weihnachten endlich tauchte das erste handfeste Stück auf: ein halber Salz- und Pfefferstreuer-Satz in Person einer schwarzweiß gefleckten Katze. Elke, mein Patenkind, überreichte mir den Pfefferstreuer, zu mehr hatte das Taschengeld vorerst nicht gereicht. Stolz wurde die Katze mit den feinen Löchern in der Stirn in der Vitrine aufgestellt.

Von nun an begann ich, überall auf der Welt – und mein Beruf brachte mich weit herum – nach Katzenfiguren Ausschau zu halten. So trieb ich in Südengland ein hübsches Katzenmädchen auf, mit langer Schürze wie ein hochherrschaftliches Dienstmädchen gekleidet (eine Beatrix-Potter-Figur), in Venedig eines aus Murano-Glas, in der Schweiz ein drolliges Pärchen in Dirndl und Appenzeller-Tracht, in Frankreich ein süßes Miezenbaby, das auf einem Porzellankissen ruhte, in Oberammergau ein stattliches Tier, aus Holz geschnitzt, Dänemark bescherte mir einen ballspielenden Kater, Mexiko eine Mischung aus Sphinx und Löwe, Wales eine rabenschwarze Kohlenkatze, Taiwan zwei Exemplare aus Jade. In Katmandu entschloß ich mich zu einem mit Katzen bemalten Schmuckdöschen (ein gleiches sah ich dann in München erheblich billiger), in Den Haag zu einem rahmschleckenden Kätzchen. Spanien, wo man mit Tieren nicht gerade zimperlich umgeht, hatte für meine Sammlung erwartungsgemäß nichts zu bieten, dafür entdeckte ich – o Freude – in Bangkok einen als Katze verkleideten Salzstreuer, der mein Set endlich komplettierte.

Inzwischen zählt meine Kollektion einundsechzig Stücke. Drei davon sind mit einer besonderen Geschichte verknüpft. Die erste passierte in Hongkong. Dort verbrachte ich mit meinem Mann ein paar Tage. Nachdem wir die gigantischen Einkaufcenters und Wolkenkratzer gebührend besichtigt (und uns andauernd darin verlaufen) hatten, beschlossen wir, die weniger amerikanisierten Teile Hongkongs aufzusuchen. Wir kamen in eine Gegend, wo die Straßen ständig bergauf führen. Männer mit gelblicher Pergamenthaut und dünnen, ausgefransten Bärten verkauften auf dem Gehsteig Suppen mit allerlei Gekröse darin, Frauen in einer Art Pyjama fütterten ihre Kinder. Mißtrauisch musterte ich sie. Aßen die Chinesen nicht auch Schlangen? Sogar von Hunden und – ich fröstelte – Katzen hatte ich gehört. Nein, ich traute diesen asiatischen Pokergesichtern nicht. Nichts wie weg hier! »Schau mal!« Hans, der mich ablenken wolle, wies auf ein Straßenschild. »Lustig, wie die Straße heißt. Das muß doch dein Herz erfreuen.«
Tatsächlich, sie hieß »Cat Street« (Katzenstraße) und erfreute mein Herz. Menschen, die ihre Straße nach einem Tier benennen, bringen es mit ziemlicher Wahrscheinlichkeit nicht um. Redetete ich mir zumindest ein. Was mein Herz allerdings sehr viel weni-

ger erfreute, sondern – im Gegenteil – mein Blut fast gefrieren ließ, war der wilde Aufschrei einer Katze. Also doch Katzenmord! In Panik sah ich mich um. Was ich entdeckte, war eine elfenbeinfarbene Katze mit einem dunkelbraunen Ohr, die sich in Hans' Tennissocken verkrallte. Fauchend biß sie darauf herum. Mein lieber Mann war auf sie getreten, während er mir in aller Unschuld das Straßenschild erklärte. Das arme Tier revanchierte sich auf der Stelle.

»Auauau, der ganze Fuß blutet.« Vorwurfsvoll wies Hans auf den rotverfärbten Socken. »So ein Rabauke!«

»Selber Rabauke«, gab ich wütend zurück. »Geht als Hans-guck-in-die-Luft durch die Welt und schindet wehrlose Kreaturen. Während ich in jedem der anwesenden Chinesen einen potentiellen Katzenmörder sehe, wird eine einzige Katze malträtiert, und zwar von dir, dem angeblichen Tierfreund. Schade, daß die arme Kleine nicht viel kräftiger zugelangt hat!«

Ich schimpfte und schäumte und fand kein Ende. Um mich zu beruhigen – viel mehr als unter seinem blutenden Fuß litt mein sensibler Ehegemahl unter meiner Schelte –, führte mich Hans ins nächste Antiquitätengeschäft, das am Ende der »Cat Street« lag. Dort sah ich mich augenblicklich nach einer Katzenfigur um. Und – o Wunder – ich fand auch eine: elfenbeinfarben und mit einem dunkelbraunen Ohr, das Ebenbild der gepeinigten Katze. Sie hat einen Ehrenplatz in meiner Sammlung.

London gehört zu den Lieblingsstädten von Hans und mir: Eine Tradition ist bereits unser Sonntagsspaziergang den Hyde Park entlang. Dort besuchen wir die Maler, die ihre – oft sehr hübschen – Bilder ausstellen, wühlen in Kartons mit originellen Messingschildern herum, kaufen Postkarten und hin und wieder auch ein Kunstobjekt. Diesmal war London herbstlich verfärbt, bis zu den Knöcheln wateten wir in buntem Laub. Eine Gruppe von Männern fiel uns auf –, verwegen und dabei ärmlich angezogen, hockten sie am Straßenrand, teilten mit geübten Bewegungen Karten aus. Ohne daß wir beide so recht wollten, waren wir mit einem Mal ins Spiel miteinbezogen. Ich wurde gebeten, eine Karte aufzudecken, während mein stets zuvorkommender Hans als Zeuge für eine Pokerpartie fungierte.

Plötzlich ein begeisterter Aufschrei. »You have won, twenty pounds.« Ein dürres Männchen mit einer Jockeymütze nickte mir eifrig zu. »You will play again?«

Natürlich, mein Glück hatte ich nie mit Füßen getreten. Doch um weiter im Spiel zu bleiben, mußte ich einen Geldschein hinlegen. Hans zuckte auf meine Aufforderung hin sein Portemonnaie. »Fünfzig Mark?« Es klang ängstlich. Ihm war nicht ganz wohl zumute.

»Hundert«, trumpfte ich auf. Warum nicht das teure London mit einem Gewinn verlassen? Schon hatte die Jockeymütze meinen Schein in der Hand, manipulierte mit Karten herum. Da auf einmal ein Pfiff, die Männer verständigten sich rasch mit einem Blick, rafften in Windeseile ihre Sachen zusammen. Ich drehte mich um. Gemächlichen Schritts näherten sich zwei Bobbies. Die

Männergruppe hatte sich unversehens aufgelöst, suchte das Weite. Auch mein Hundertmarkschein? Ich kam in Panik, riß ihn einer sommersprossigen Hand, die sich daran festhielt, aus den Fingern. »Hans, hilf!«

Wenn Hans will, kann er sehr massiv werden. Ich kenne das aus längerer Ehe. Auch diesmal verfehlten der unheilvolle Blick aus wütend zusammengezogenen Augen sowie eine drohend erhobene Hand nicht ihre Wirkung: Die Hand ließ los. Ich hatte meinen Geldschein zurück, wenn auch eine Ecke fehlte.

»Jetzt brauche ich aber eines von diesen abscheulich kalten Bieren«, murmelte Hans völlig entnervt. Er putzte sich die Nase. »Weißt du, wem wir um Haaresbreite auf den Leim gegangen wären? Gewieften Glücksspielern, die es auf so harmlose Gemüter, wie wir es sind, abgesehen haben. Und mein lebenskluges, weitgereistes Weib ist darauf hereingefallen.«

»Pst«, machte ich und gab ihm einen Kuß. »Wie wär's, wenn wir den Hundertmarkschein besser anlegten? Zum Beispiel in dieses rostrote Kätzchen hier?«

Es war aus Stein, mit angeklebtem Borstenschnurrbart und kostete genau ein Zwanzigstel, nämlich umgerechnet fünf Mark. Eine Studentin bot es uns an. Beim ersten richtigen Anfassen brachen die Barthaare ab, doch was spielte das für eine Rolle – bei gesparten fünfundneunzig Mark?

Die dritte Geschichte passierte in Paris, in einem sündteuren Luxushotel. Eine Kosmetikfirma hatte mich dorthin eingeladen.

Während der wenigen freien Stunden spazierte ich durch das Quartier Latin, natürlich auf der Suche nach Katzen für meine Sammlung. Ich hatte Glück, innerhalb weniger Minuten ergatterte ich zwei, ein Siamkätzchen original englischer Herkunft und ein Porzellankörbchen, in dem ein Katzenpärchen saß. Eigentlich sahen sie ja mehr wie Hunde aus, doch die Verkäuferin beruhigte mich: »Non, ce sont des chats.«

Zufrieden trug ich meinen Fund ins Hotel, baute ihn dekorativ vor dem Kaminsims auf. Paris hatte sich wieder einmal gelohnt.

So ärgerte ich mich auch kaum über den baumlangen Neger, der, ohne anzuklopfen, das Zimmer betrat, angeblich mit der Absicht, die Minibar zu kontrollieren. Ich mußte mich beeilen, mich für den großen Empfang zurechtmachen.

Als ich weit nach Mitternacht die Tür aufschloß, todmüde und nicht mehr ganz nüchtern, fiel mein erster Blick auf den Kaminsims. Den ganzen Abend über hatte ich Sehnsucht nach meinen Katzen gehabt, wollte mich ein weiteres Mal daran freuen.

Doch was war das? Das Körbchen mit dem Katzenpaar fehlte. Heruntergefallen? Ich renkte mir fast den Kopf unter dem Sims aus, zog sämtliche Fächer der benachbarten Kommode auf, suchte im Bad, im Schrank, im Koffer, ja, selbst im Bett. Kein Porzellankorb, dafür die neueste Zeitung, die mir jemand in meiner Abwesenheit aufs Kopfkissen gelegt hatte.

Der Neger, kombinierte ich haarscharf, mit seinem unverschämten Grinsen. Das Schlimme war: Ich vermochte nichts dagegen zu tun. Sollte ich mich vielleicht in meinem mangelhaften Französisch bei der Direktion beschweren, einen Angestellten des hochgepriesenen Hotels des Diebstahls an einer wertlosen Schnickschnackfigur beschuldigen? Es käme zu einer Reihe ermüdender Fragen, zu einer Gegenüberstellung, heftigem Leugnen, schließlich zu einer Entschuldigung meinerseits. Denn ich konnte ja nichts beweisen. Nein, nein, es hatte keinen Zweck.

Lieber stellte ich den Wecker auf acht Uhr früh, klapperte noch einmal sämtliche Läden im Quartier Latin ab, um doch tatsächlich auf ein weiteres Katzenpärchen im Körbchen zu stoßen. Nur kostete dieses fünfmal soviel, fast dreißig Mark. Ein Neger, diesmal kugelrund, nahm mit diesem Grinsen, das ich bereits kannte, das Geld entgegen, reichte mir die nachlässig eingewickelte Ware fast herablassend. Am liebsten hätte ich ihm das Päckchen vor die Füße geworfen, doch ich wollte sie ja, die Katzen im Korb.

»Seit wann sammelst du Hunde?« meinte Hans erstaunt, als ich ihm meine neuen Fundstücke präsentierte. »Ich dachte, du beschränkst dich auf Katzen. Aber bei Frauen artet ja alles aus. Nicht wahr, Stromer?«

Und eng aneinandergeschmiegt zogen sich die beiden männlichen Wesen in ihre Zweisamkeit zurück.

Peter Gethers

DIE KATZE, DIE NACH PARIS REISTE

Während seiner ersten Jahre auf Erden und in meiner Obhut führte Norton für eine Durchschnittskatze ein ziemlich aufregendes Leben. Er war in einer Manteltasche durch die Straßen von Manhattan geschleppt worden. Er war in Taxis, in Booten und in Zügen gefahren. Er hatte die Strände von Fire Island erkundet, die verschneiten Gipfel von Vermont und die Antiquitätenläden von Bucks County, Pennsylvania (ein Ausflug, der nicht besonders ereignisreich war, abgesehen davon, daß ich eine wunderschöne Ahorn-Wiege aus dem 18. Jahrhundert kaufte, die zu Nortons Lieblingsplatz für ein Nickerchen wurde). Er war auch zu einem Stammgast in meinem Büro geworden – er verbrachte dort etwa einmal die Woche den Tag mit mir –, und sobald das fest eingeführt war, kam er auch zu den Verkaufskonferenzen der Firma mit. Als Gast der Firma war er in Phoenix, Arizona, in Laguna Beach, Kalifornien, auf den Bermudas und in verschiedenen Orten in Florida gewesen. Wenn die Reise nicht länger als ein oder zwei Flugstunden dauerte, kam er im Grunde immer mit mir. Wenn eine Reise quer durch das Land führte oder aus anderen Gründen eine Strapaze für ihn bedeutete (zum Beispiel

DIE KATZE, DIE NACH PARIS REISTE

mehr als fünf Stunden ohne Katzenklo), nahm ich Norton nicht mit, außer wenn ich mindestens fünf oder sechs Tage unterwegs sein würde.

Eine meiner Phantasievorstellungen in der Zeit vor Norton war es gewesen, einen Hund zu besitzen, den ich eines Tages mit nach Frankreich nehmen könnte. Die Franzosen lieben Tiere; sie behandeln sie wesentlich besser, als sie Touristen behandeln. Selbst die feinsten Restaurants gestatten es, daß Hunde mitgebracht werden und sich während der Essenszeit ganz wie zu Hause fühlen. Es ist nicht ungewöhnlich, im Jamin oder Ambroisie Herren im Smoking oder Damen in Abendrobe essen zu sehen, während ihr Pudel oder ihr Dackel unter dem Tisch vor sich hindöst. Vor einigen Jahren brachte ein französischer Verleger einen Restaurantführer heraus, in dem sämtliche Restaurants in Paris danach eingeordnet wurden, wie sie Hunde behandelten: welche Speiseabfälle man ihnen gab, ob sie ohne Leine hereindurften, wie freundlich die Kellner waren, wenn Streicheln angesagt war.

Es war mir nie wirklich in den Sinn gekommen, Norton mit nach Übersee zu nehmen. Ich weiß nicht, woher dieser geistige Lapsus kam. Vielleicht lag es einfach daran, daß ich in seinen ersten Jahren nicht häufig nach Europa flog.

Das alles änderte sich sehr schnell.

Es begann damit, daß Roman Polanski mich anrief.

»Peter«, sagte er mit seinem unverwechselbaren Akzent, der etwas von einem polnischen Rebellen hat, etwas von einem französischen Intellektuellen, von einem englischen Dandy, einem amerikanischen Gauner und einem jüdischen Onkel, »hast du Paris schon einmal zur Weihnachtszeit gesehen?«

Roman und ich hatten zum erstenmal 1982 zusammengearbeitet, an seiner Autobiographie. Wir waren ein sehr gutes Team gewesen und aus irgendeinem unbekannten Grund sofort enge Freunde geworden. Ich weiß, er ist immer umstritten gewesen, aber ehrlich gesagt, ich habe nie verstanden, warum er so umstritten war. Wir hatten die gleiche Meinung zu vielen Fragen, die gleiche Neugier, verbunden mit etwa dem gleichen Maß an Zynismus. Aus der Sicht eines Freundes ist er ein ungewöhnlich großzügiger Mensch – es gibt nichts, was er nicht für andere tun würde, wenn er sie mag –, und er hat einen wunderbaren Sinn für Humor. Er erzählt herrliche Geschichten, und nichts gefällt ihm besser, als in La Coupole herumzusitzen, Champagner zu nippen, Austern zu schlürfen und gute Witze auszutauschen.

Ich bin einer Menge sehr gescheiter Leute begegnet, aber Polanski ist wahrscheinlich das einzige Genie, das ich kenne. Er spricht so um die zwölf Sprachen, besitzt ein erstaunliches Interpretationstalent, hat einige der besten, ungewöhnlichsten Filme unserer Zeit gemacht und, um das Ganze zu krönen, kennt an die tausend langbeinige Modelle namens Suzette. Mit all dem will ich sagen, daß er nicht Fragen wie »Hast du Paris schon einmal zur Weihnachtszeit gesehen?« stellt, ohne damit eine Absicht zu verbinden.

»Hm … nein«, sagte ich diplomatisch. »Ich glaube nicht.«

»Es ist wunderschön. Wunderschön. Der Schnee rieselt, die Lichter gehen an. Ohhh, die Lichter von Paris, mmmm, prachtvoll. Sie bringen dich zum Weinen. Und die Frauen … Weihnachten gibt es einen riesigen Zustrom von attraktiven Frauen, Peter.«

»Darf ich dir eine Frage stellen, Roman?« fragte ich von meiner Wohnung in New York City.

»Was du willst. Was du willst.«

»Warum erzählst du mir all das?«

»Wie würde es dir gefallen, Weihnachten in Paris zu verbringen und mir zu helfen, meinen neuen Film für Harrison Ford zu schreiben?«

Der Mann hat Stil, *non?*

Natürlich zierte ich mich etwas. Ich bin nicht so leicht zu haben. Ich sagte ihm, daß ich mindestens vier oder fünf Sekunden brauchte, um zu packen und ein Flugzeug zu erwischen. Tatsächlich brauchte ich etwas länger, aber nicht viel. Innerhalb einer Woche waren Norton und ich auf dem Weg nach Europa.

Viele Leute denken, ein Tier mit nach Übersee zu nehmen, sei eine größere Transaktion. Viele denken, daß es eine Quarantäne gibt (nur für England trifft das zu) oder daß die Reisevorbereitungen außerordentlich kompliziert sind oder daß es unmöglich ist, Tiere mit ins Hotel zu bringen. In Wahrheit ist nichts einfacher, als eine Katze an ferne Gestade mitzunehmen – wenn man es richtig macht. Als ich Norton das erste Mal mitnahm, machte ich natürlich alles falsch.

Polanski würde in Amsterdam sein, um für seinen neuesten Film zu werben. Während ich meine – Entschuldigung, *unsere* – Vorbereitungen traf, sagte er: »Peter, warum fliegst du nicht bis Amsterdam? Wir werden groß essen, unser möglichstes tun, um in Schwierigkeiten zu geraten, und dann am nächsten Tag in Paris mit der Arbeit anfangen. Amsterdam ist bestens geeignet, wenn man sich vom Jetlag erholen will.«

Das leuchtet ein, nicht wahr? Mir leuchtete es jedenfalls ein. So fand Nortons erster Aufenthalt in Europa – nach einer Stunde Zwischenstation auf dem Flughafen Charles de Gaulle – in Amsterdam statt.

Bevor wir abreisten, mußte ich meinen Kumpel zum Tierarzt bringen, damit er seinen Katzenpaß bekam. Das war sehr einfach: Der Tierarzt gab Norton eine Spritze, tupfte seine Ohren mit einem Q-Tip aus, sah ihm in den Hals und füllte dann eine kleine grüne Karte aus, auf der stand, daß Norton Gethers, eine acht Pfund schwere Scottish Fold, in Los Angeles geboren, aber in New York lebend, gesund und fähig sei, nach Belieben seines Besitzers auf einen anderen Kontinent zu reisen. Der Flug war ein Kinderspiel, mit einer winzigen Ausnahme. Norton war schon mit verschiedenen amerikanischen Fluggesellschaften geflogen. Wegen ihrer starren Vorschriften hatte ich mir angewöhnt, diese strikt zu befolgen. Gewöhnlich setzte ich Norton in seinen Karton, ließ ihn während des ganzen Fluges unter meinem Sitz und wagte nur, ihn hervorzuholen und auf meinen Schoß zu nehmen, wenn eine – okay, jetzt bringe ich es über die Lippen – Flugbegleiterin nach ihm fragte, was nicht eben oft geschah. Aber bei Air France wurde Norton so herzlich empfangen, als hätte er den vollen Preis bezahlt. Die Begleiterinnen freuten sich, daß ein Tier an Bord war, und forderten mich sofort auf, ihn aus dem einengenden Karton zu nehmen und es ihm gemütlich zu machen. Wir flogen erster Klasse, dank Warner Brothers, und wir wurden beide den ganzen Flug über erstklassig behandelt. Als ich Champagner und Kaviar bekam, erhielt Norton eine kleine Schüssel mit geräuchertem Lachs und eine Tasse Milch. Als es Zeit für den Nachtisch wurde, erwähnte ich, daß Norton gern Schokolade aß, und, *voilà*, seine persönliche *mousse au chocolat* wurde *tout de suite* gebracht. Sie waren so unglaublich nett zu meinem Reisegefährten, daß ich entspannte. Ich entspannte so sehr, daß ich über dem Atlantik zwei Stunden lang tief und fest schlief, während Norton zufrieden auf meinem Schoß hockte. Ich hätte bis nach Holland geschlafen, wenn mir nicht irgendwann einer der Stewards auf die Schulter geklopft und mich geweckt hätte. Als ich mir die Augen gerieben und mich orientiert hatte, stellte ich fest, daß Norton nicht auf meinem Schoß saß. Ich schaute auf und sah, daß der Steward ihn an seinen kleinen grauen Genickfalten hielt. Entsetzt packte ich Norton, setzte ihn wieder auf mein Knie und begann mich beim Steward zu entschuldigen. Ich war so eingeschüchtert von der Strenge der amerikanischen Stewardessen, daß ich mich gute fünf Minuten lang ausgiebig entschuldigte, bevor ich den freundlichen französischen Steward sagen hörte: »Es ist in Ordnung. Wir 'aben nichts dagegen. Er 'at einen netten Spaziergang gemacht.« Allmählich wurde mir klar, daß der Steward wirklich nichts dagegen hatte. So faßte ich Mut, die einzige Frage zu stellen, auf die ich gern eine Antwort gehabt hätte: »Wohin ist er gelaufen?«

Der Steward rümpfte die Nase mißbilligend. Offensichtlich hatte Norton etwas getan, was dieser Mann abstoßend fand. Nach französischem Standard hatte meine Katze eine Todsünde begangen. »Er war 'inten bei den Touristen«, sagte der Steward geringschätzig. »Er 'at sich mit einem *'und* unter'alten.«

Für den Rest des Fluges blieb ich wach. Norton verbrachte den größten Teil der Zeit damit, aus dem Fenster zu schauen, hinunter auf den Atlantik. Er schien ihn ebenso faszinierend zu finden wie die Bucht von Fire Island.

Als wir in Amsterdam landeten, nahmen wir ein Taxi zum Amstel, das sich als wundervoll erweisen sollte. Ich war ganz darauf vorbereitet, Norton entweder zu verstecken oder das Blaue vom Himmel herunterzulügen, zu behaupten, daß er hier nicht über Nacht bleiben würde, daß ich ihn nur zu einem niederländischen Freund bringen wollte. Aber es gab keine Veranlassung für solche Märchen. Die Frau, bei der wir uns anmeldeten, lächelte Norton freundlich an, sagte mir, ich solle ihn aus der Tasche nehmen, und sah dann belustigt zu, wie Norton sich auf den Empfangstisch fallen ließ und es sich gemütlich machte. Der Manager des Hotels kam sofort zu uns, um Norton den Kopf zu tätscheln, und das taten auch ein paar Hotelpagen. Die Dame am Empfang fragte, ob Norton über Nacht bleibe, und als ich zögernd nickte, erkundigte sie sich sofort, ob er einen kleinen Teller Fisch möge. Ich fühlte, daß Nortons

Ohren – was es an Ohren gab – sich bei dem Wort »Fisch« ein wenig aufstellten, darum sagte ich, daß das sehr nett sei.

Oben im Zimmer stellte ich Nortons erstes internationales Katzenklo auf, wartete, bis der Fisch kam, und rief dann Roman an. Nach einem kurzen Schläfchen war ich bereit, mich auf den Weg zu machen. Norton war es zufrieden, seine erste Nacht in Europa schlafend auf unserem Daunenbett zu verbringen, während ich von einigen niederländischen Journalisten in einem beeindruckenden indonesischen Restaurant groß zum Abendessen eingeladen wurde. (Okay, es war Roman, der eingeladen wurde – aber sie ließen mich mitkommen, nicht wahr? Und das zählt!) Der nächste Tag war etwas ereignisreicher, zumindest für meinen kleinen grauen Gefährten.

Ich wußte vor unserer Ankunft in Amsterdam nicht genau, wie unsere Pläne aussahen, aber das fand ich bald heraus. Wir würden unser Hotel mittags verlassen, uns eine für die größten niederländischen Filmverleiher vorgesehene Vorführung von Romans letztem Film ansehen, zur Aufnahme einer niederländischen Quizsendung gehen, in der Roman auftreten würde, um für den Film zu werben, mit den TV-Leuten und einigen der Verleiher zu Abend essen und dann einen späten Flug nach Paris nehmen.

Alles hörte sich großartig an – mit einer Ausnahme. Was in aller Welt sollte ich von mittags bis zehn Uhr abends mit Norton machen?

Da ich wirklich keine andere Wahl hatte, nahm ich ihn einfach mit.

Wir wurden den Verleihern vorgestellt; das war der erste Höhepunkt des Tages. Wir befanden uns in einem großen Vorführraum und saßen auf einem Podium an der Vorderseite des Raums. Der Roman zugeteilte PR-Mann des Studios hielt eine kleine Ansprache, in der er den Zuhörern mitteilte, wie begeistert sie alle seien, einen neuen Polanski-Film zu verleihen. Er zählte Romans Erfolge in Holland auf – von *Das Messer im Wasser* über *Chinatown* zu *Tess*. Und jetzt«, sagte er zu den Anwesenden, »würde ich gern einige ganz besondere Gäste vorstellen. Rechts von mir sitzt ein Mann, der keiner Vorstellung bedarf. Einer der großen Regisseure unserer Zeit, Roman Polanski.«

Es gab stürmischen Beifall.

»Rechts von Mr. Polanski sitzt der Drehbuchautor von Mr. Polanskis neuem Film, den sie in Paris in Angriff nehmen werden, Peter Gethers.«

Ich erhielt höflichen Applaus, sehr freundlich, wenn man bedenkt, daß keiner je von mir gehört hatte und wahrscheinlich auch nie wieder von mir hören würde. Und dann kam die beste Ansage, als dem PR-Mann klarwurde, daß er noch jemanden vorstellen mußte.

»Und rechts von Mr. Gethers sitzt … seine *Katze???*«

Ich habe selten jemanden so verwirrt gesehen. Und selten war ich so stolz auf meine Katze. Norton verbeugte sich nicht gerade, als er hörte, daß er erwähnt wurde, aber er setzte sich so aufrecht wie möglich, als ein sehr verdutzt klingender Beifall ertönte.

Den Rest des Tages verbrachten wir mit der Aufnahme der Quiz-sendung *Wanna Bet.*

Der Titel der Sendung lautet übersetzt »Wetten, daß?« Es war die beliebteste TV-Sendung in Holland (und auch in Deutschland und Belgien).

Wanna Bet dauert 90 Minuten, und die Aufnahme dauert etwa drei Stunden. Von diesen drei Stunden verbrachte Norton zwei-einhalb neben mir im Auditorium sitzend – die Leute von der Aufnahme waren so nett, ihm seinen eigenen Platz zu geben – und starrte die meiste Zeit auf die Leuchtschrift, die, vermute ich, »Applaus« auf niederländisch bedeutete.

Die andere halbe Stunde hielt er sich im Umkleideraum auf – zu dem ich keinen Eintritt hatte – und ließ sich von den dreißig hin-reißenden Oben-ohne-Tänzerinnen, die bei der Show mitmach-ten, verwöhnen.

Norton läßt sich gewöhnlich nicht von Fremden hochnehmen und davontragen, aber als während einer Pause eine der fast nackten Frauen herübergehuscht kam und um Erlaubnis bat, ihn mit in die Garderobenräume zu nehmen, wartete er nicht einmal auf meine Zustimmung. Er hüpfte auf den Boden und folgte ihr, ohne seinem neidischen Herrchen auch nur einen Blick zu gön-nen. Und als er Ende der Show zu mir zurückgebracht wurde – von drei Tänzerinnen, von denen keine sich von ihm trennen mochte –, war das wieder einmal ein Augenblick in unserer Be-ziehung, daß ich es sehr bedauerte, daß Norton kein Englisch spricht. Der Ausdruck in seinem Gesicht aber sagte mir, daß ich, selbst wenn er Englisch spräche, nie die Einzelheiten dieses besonderen Abenteuers erfahren würde.

Als die Show zu Ende war, gingen wir mit den Leitern des TV Studios und einigen der Verleiher essen.

Wir wurden in eines der besten Restaurants Amsterdams geführt. Norton kam mit, als sei er es gewohnt, jeden Abend zum Essen auszugehen. Er war seit Stunden und Stunden nicht mehr in der Nähe seines Katzenklos gewesen, und er hatte noch nie in der Öffentlichkeit gegessen, darum war ich etwas nervös. Doch mein Junge machte das glänzend. Er war der Star des Abends.

Als erstes fiel unsere Kellnerin vor Begeisterung fast in Ohnmacht, als sie Norton sah. Als sie feststellte, wie gelassen er auf meinem Schoß saß, bestand sie darauf, ihm seinen eigenen Stuhl zu bringen, den sie neben meinen schob. Als nächstes brachte sie ihm sein eigenes Essen – einen hübschen kleinen Teller mit Hering und Kartoffeln, die Norton anerkennend in sich hineinmampfte. Ich war fast beleidigt, daß sie ihm nicht auch ein Glas Wein anbot – obwohl er sich mit seiner Schale Milch wesentlich wohler zu fühlen schien.

Dies sollte ein Arbeitsessen sein, bei dem Roman über seinen Film sprach, aber es wurde sehr wenig gearbeitet. Die Unterhaltung drehte sich in erster Linie um den neuesten – und kleinsten – Ehrengast. Alle paar Minuten bestand jemand darauf, mit mir – oder mit Roman, der an der anderen Seite von Norton saß – den Platz zu tauschen, damit er oder sie sich die Katze näher ansehen konnte. Gegen Ende des Abends saß ich am anderen Ende des Tisches, Norton saß zwischen dem Vorsitzenden der niederländischen Filmverleiher und der Produzentin von *Wanna Bet* und tat sein möglichstes, Cary Grant nachzuahmen, kaute zurückhaltend an seinem Hering, nippte an seiner Milch, setzte sich gerade auf und zeigte sein Wohlgefallen an dem Restaurant und an der Aufmerksamkeit, die er erregte.

Als es Zeit wurde, aufzubrechen, boten mehrere Leute mir an, Norton zu sich nach Hause zu nehmen, wenn ich jemals wieder nach Amsterdam käme, und mehrere fragten, ob sie ihn auf ihrer nächsten Reise nach New York besuchen dürften. An Bord des Flugzeugs nach Paris war er eine erschöpfte kleine Katze. Ich mußte ihn wecken, als wir über der Stadt kreisten, und hielt ihn hoch zum Fenster, damit er seinen ersten Eindruck vom hell erleuchteten Eiffelturm bekommen konnte.

Norton reagierte auf Paris, nun, wie ein *canard à l'eau.*

Wir wohnten in einem meiner liebsten Hotels auf der Welt, dem Trémoille, das Ecke Rue de La Trémoille und Rue du Boccador im 8. Arrondissement liegt. Es ist prächtigt, es ist klein, es ist elegant, freundlich, es ist sehr pariserisch, und sie lieben meine Katze.

Im vergangenen Jahr, als ich mit Polanski das Drehbuch für einen anderen Film schrieb, tauchte plötzlich meine Agentin, Esther (die bei Nortons allererstem Flug dabei war), in Paris auf, um sich ein paar Abende gut zu unterhalten und gut zu essen. Ich war für drei Monate in Paris und wohnte zu meinem Bedauern nicht im Trémoille – das Studio hatte entschieden, daß es für einen so langen Aufenthalt zu teuer sei, darum nahm ich mir eine Wohnung –, aber ich bestand darauf, daß sie dort wohnte. Nach dem Dinner begleitete ich sie zurück zum Hotel und erzählte ihr, wie nett sie dort immer zu Norton seien. Während ich meinen Bericht kunstvoll ausschmückte, blieb sie stehen und sagte: »Das glaube ich dir nicht. Das erfindest du.« Empört entgegnete ich, daß ich hundertprozentig die Wahrheit gesagt hätte. Sie weigerte sich, mir das abzunehmen. Als wir die Halle betraten, marschierte ich zum Empfangstisch, blinzelte Esther zuversichtlich an und sagte zum Concierge: »Guten Abend. Kennen Sie mich noch?«

»Natürlich«, erwiderte er. »Und wie geht es Ihrer kleinen Katze? Geht es ihr gut?«

»Sehr gut«, sagte ich.

»Bitte grüßen Sie sie von mir«, sagte der Mann zu Esthers Erstaunen. »Sagen Sie ihr, daß sie 'ier jederzeit willkommen ist.« Seitdem glaubt Esther alles, was ich ihr erzähle.

Im Lauf der Jahre hat Norton sechs oder sieben Male im Trémoille gewohnt, gewöhnlich wenn ich mit Roman zusammenarbeitete. Unser Arbeitstag sieht so aus: Beginn halb elf oder elf Uhr morgens, Lunchpause gegen eins, netter, gemütlicher Lunch, dann Arbeit bis sieben oder acht. Nach ein oder zwei Stunden Pause zur Entspannung, um ein Glas eisgekühlten polnischen Wodka zu trinken oder einfach um einander ein Weilchen nicht zu sehen, essen wir gewöhnlich zusammen zu Abend. Zwischendurch gehe ich einmal zurück zum Hotel, um nach Norton zu sehen und mit ihm zu spielen, entweder während unserer Lunchpause oder vor dem Abendessen. Nach einer gewissen Zeit merkte ich, daß die

Spielzeit nicht nötig war. Beinahe jedesmal, wenn ich ins Zimmer kam, waren da ein oder zwei Zimmermädchen, die ihn streichelten, kraulten oder mit einem neuen Spielzeug spielten, das sie gerade für ihn gekauft hatten. Nachdem er von der Hotelfamilie akzeptiert worden war, ließen sie ihn tagsüber in die Halle (jemand vom Empfang oder eines der Zimmermädchen brachte ihn zurück in unser Zimmer, wenn sie das Gefühl hatten, es würde zu hektisch für ihn), und sie erlaubten mir, ihn zum Dinner mit in den Speisesaal zu bringen.

An einem Tag gab es fast eine Katastrophe. Ich kam um sieben Uhr abends, um wie immer nach Norton zu sehen, marschierte unbeschwert ins Hotel und bat um meinen Zimmerschlüssel. Einer der Manager sah mich sehr ernst an und sagte: »Oh, Monsieur Gethers, Ihre kleine Katze, sie ist sehr krank.«

Ohne weitere Worte schnappte ich mir den Schlüssel und raste die zwei Treppen zu meinem Zimmer hinauf. Als ich ins Zimmer gerannt kam, saß eines der Zimmermädchen auf dem Bett, streichelte Norton beruhigend und gurrte ihm etwas vor. Er hatte sich auf mein Kissen gekuschelt, zu einer Kugel zusammengerollt. Alles in allem bot er ein Bild des Jammers – er war offensichtlich krank.

Das Mädchen sprach kein Englisch, darum verstand ich nicht alles. Ich bekam mit, daß sie früh am Morgen in mein Zimmer gekommen war, um sauberzumachen, und daß sie wie üblich mit Norton spielen wollte, er aber nicht reagiert habe. Er wollte das Bett nicht verlassen, er richtete den Kopf nicht auf, er wollte sich überhaupt nicht bewegen. Sie versuchte, ihm Pounce zu geben – ich hatte einen Riesenvorrat mitgebracht und allen Zimmermädchen gezeigt, wo ich ihn aufbewahrte –, aber selbst das wollte er nicht anrühren. Das war ein schlechtes Zeichen.

Norton war noch nie zuvor krank gewesen. Ich wußte nicht, was ich tun sollte. Roman war erstaunlich verständnisvoll, als ich ihm sagte, daß ich unser übliches gemeinsames Dinner und die Zecherei wegen einer kranken Katze ausfallen lassen müsse. Er hatte Norton inzwischen auch ins Herz geschlossen.

In jener Nacht aß Norton nichts. Er bewegte sich auch nicht von meinem Kissen (ich schlief die ganze Nacht auf seiner Seite). Ich tat, was ich konnte, um ihm zu versichern, daß alles wieder in Ordnung kommen würde, aber er war kein glückliches Kätzchen. Wenn Sie jemals jemanden sagen hören, daß Katzen nicht denken oder fühlen, brauchen Sie ihn nur aufzufordern, eine Nacht mit einer kranken Katze im Bett zu verbringen. Das Wort »jammervoll« sagte genau, wie Norton in jener Nacht aussah. Ich beschloß, 24 Stunden zu warten, bevor ich einen französischen Tierarzt zu Rate zog.

Am nächsten Morgen schien er sich besser zu fühlen. (Andererseits ging es mir nicht besonders, weil ich mich die ganze Nacht vor Sorgen hin- und hergeworfen hatte.) Er war nicht sehr aktiv – er wollte zum Frühstück das Bett nicht verlassen –, aber er mampfte ein paar Pounce, die ich ihm brachte, und er leckte mir dankbar die Hand. Als ich ihn verließ, um zur Arbeit zu gehen, erhob er sich ein wenig und stand einen Augenblick lang auf dem Bett. Ich ging zu ihm zurück, sagte ihm, daß es ihm bald wieder bessergehen würde, und sah ihm zu, wie er es sich wieder auf meinem Kissen bequem machte. Zur Lunchzeit kehrte ich zurück, um nach Norton zu sehen. Der Manager machte das Alles-okay-Zeichen mit dem Dauern, als ich meinen Schlüssel holte. Und tatsächlich, in meinem Zimmer waren zwei Hausmädchen, die sich um Norton kümmerten. Er lag jetzt verspielt auf dem Rücken und genoß ihr sanftes Kraulen und freundliches Geplapper. Sie hatten ihm ein Geschenk gebracht – ein kleines Katzenminzegewächs, das sie auf den Tisch am Fußende des Bettes gestellt hatten. Sie erklärten mir, daß er im Augenblick noch nicht ganz bereit dafür sei, aber sie hielten es für einen guten Ansporn für Norton, wieder gesund zu werden.

Ich ging zurück an die Arbeit mit dem Wissen, daß mein Kumpel in guten Händen war. Zur Dinnerpause an jenem Abend war er wieder ganz normal. Er schlang nicht nur gierig sein Essen herunter und sprang auf das Pounce zu, das ich ihm hinhielt, er knabberte auch ein paar Blätter von der Katzenminze. Als es Zeit zum Schlafen war, fühlte er sich wieder so wohl, daß er auf seinem eigenen Kissen schlief. Ich hatte keine Ahnung, was zu seiner Ein-Tages-Krankheit geführt hatte – vielleicht war es all das nahrhafte französische Katzenfutter –, aber ich teilte ihm erleichtert mir, wie froh ich sei, daß es ihm bessergehe, und küßte ihn auf den runden Kopf. Er fuhr mir rasch mit seiner Sandpapierzunge übers Gesicht und gab mir das Gefühl, daß ich zumindest eine verständnisvolle und hilfreiche Krankenschwester gewesen sei.

Da ich in Paris nicht vor halb elf mit der Arbeit begann, gewöhnte ich mir an, für meinen Morgenkaffee in ein bestimmtes Café gegenüber dem Eiffelturm auf der anderen Seite der Seine zu gehen. Nachdem ich das einige Male getan hatte, sah ich keinen Grund, warum ich Norton nicht mitnehmen sollte. Er hüpfte also jeden Morgen in die Schultertasche, wir schlenderten gemächlich zu meinem nur wenige Blocks entfernten Lieblingscafé, ich saß auf meinem Korbstuhl, trank Kaffee und las die *Herald Tribune*, und Norton saß sphinxähnlich auf seinem Stuhl, beobachtete die Passanten, und nachdem die Kellner sich an seine Anwesenheit gewöhnt hatten, schleckte er aus einer kleinen Schale Wasser oder Milch.

Nach dem Frühstück brachte ich ihn gewöhnlich zurück ins Hotel. Manchmal nahm ich ihn mit in Romans Wohnung. Bei jener ersten Reise nach Paris, als ich das Drehbuch für den Film, der später *Frantic* heißen sollte, neu schrieb, kam Harrison Ford nach Paris, um ein paar Wochen mit uns zusammenzuarbeiten. Er war der Star des Films und wollte als solcher, durchaus verständlich, ein Mitspracherecht bei Motivation der Charaktere, Handlung und gedanklichem Hintergrund. Er und Roman waren befreundet, hatten aber noch nie zusammengearbeitet. Ich war Harrison noch nie begegnet. So verbrachten wir die ersten Tage damit, einander auf den Zahn zu fühlen, zu probieren, wie wir miteinander auskamen, und jeder von uns versuchte, zu seiner Auffassung von dem Film zu stehen, jedoch flexibel und einfühlsam gegenüber dem Ego und den Wünschen der beiden anderen zu sein. Harrison hat den Ruf – was meine Erfahrungen bestätigen –, ein bemerkenswert kluger Schauspieler zu sein. Deshalb bemerkenswert, weil Schauspieler im allgemeinen nicht viel höher auf der Intelligenzskala eingeordnet werden als etwa ein Eßzimmertisch. Man weiß auch, daß sie Drehbücher vermasseln, um in ihren Rollen besser dazustehen. Harrison ist nicht nur gescheit, ihm liegt der *Film* mehr am Herzen als die Frage, ob er in seiner Rolle mutiger, intelligenter und klüger als die Darsteller der anderen Rollen ist. Von Anfang an mochte und schätzte ich ihn sehr. Aber ich vermute, daß ich Harrison nicht übermäßig beeindruckte, als er zum erstenmal auftauchte. Wir schüttelten uns die Hände und begannen, über den ersten Entwurf des Drehbuchs zu sprechen, den Roman zusammen mit Gerard Brach, seinem Mitarbeiter seit vielen Jahren, geschrieben hatte – was daran nicht in Ordnung und was gut war –, und dann, gerade, als wir richtig drin waren, als die Diskussion mit einer gewissen Leidenschaft geführt wurde, begann Roman herumzuschnüffeln.

»Was riecht hier so scheußlich?« fragte er.

»Warte. Moment mal«, sagte Harrison erregt. »Ich glaube, ich habe da was. Ich glaube, dieser Bursche, dieser Arzt, muß seine Frau wirklich lieben, muß *unglaublich* eifersüchtig sein ...«

»Puuuh, was könnte so widerlich riechen?« Roman war eindeutig abgelenkt. Sein Gesicht war verzerrt, als ob das Atmen ihm Schmerzen bereite.

»Roman! Roman, hör mir zu! Ich glaube, wir brauchen eine

Szene zwischen mir und meiner Frau, etwas Zartes, gleich am Anfang ... Jesus, was stinkt denn da so?«

Schließlich versiegte jede Diskussion des Drehbuchs. Das ganze Apartment begann zu stinken, als sei jemand gestorben – vor etwa drei Wochen. Beide wandten mir den Kopf zu, als ich leise vor mich hinmurmelte: »Oh ... Ich glaube, ich weiß, was es ist.«

Ich ging mit ihnen in Romans Badezimmer. Dort in der Badewanne saß meine Katze. Neben Norton lag ein großer Haufen ... nun ... was man nur als Katzenscheiße bezeichnen kann.

»Ich habe heute vergessen, sein Katzenklo mitzubringen«, erklärte ich demütig. »Er benutzt gewöhnlich die Badewanne, wenn kein Katzenklo da ist.«

»Das ist ziemlich clever«, stellte Roman fest.

»Das ist *Ihre* Katze?« fragte Harrison.

Ich nickte.

»Sie haben sie von New York mitgebracht?«

Ich nickte wieder.

»Ich arbeite mit einem Autor, der seine Katze mit nach Paris bringt, damit sie in die Badewanne scheißen kann?«

»Ich weiß, daß es einen schlechten Eindruck macht«, sagte ich. »Aber geben Sie ihr noch eine Chance.«

»Es ist nicht die Katze, über die ich mir Gedanken mache«, sagte Harrison zu mir.

Dies war meine Einführung in den Wunschtraum eines ganzen Lebens – mit einem genialen Regisseur und einem großen Schauspieler in Paris ein Drehbuch zu schreiben: Der geniale Regisseur und der große Schauspieler versuchten im Badezimmer auf den Knien, den Gestank von Katzenscheiße wegzuschrubben, während ich den Übeltäter in den Armen hielt und versuchte, ihm zu versichern, daß er nichts Böses getan hatte.

Im Laufe der Jahre, so glaube ich, hat Norton begonnen, Paris New York vorzuziehen, ganz wie sein Herrchen. Er mag morgens sein Frühstück im Freien; er genießt es, gelegentlich im Restaurant zu Abend zu essen. (Zufällig waren Norton und ich in Paris, als ich den Vertrag für dieses Buch unterschrieb. Er genoß eindeutig das festliche Dinner, zu dem ich ihn an diesem Abend einlud. Wir gingen zu meinem Lieblingslokal, L'Ami Louis, wo Norton seinen eigenen großen Teller mit Louis' Spezialität bekam, der besten Gänseleberpastete, die man sich nur wünschen konnte.) Er war sogar in ein oder zwei Nightclubs. Ich schätze, daß er absolut die einzige Katze ist, die jemals die ganze Nacht durchgetanzt hat in den Bains Douches, einem der fetzigsten Clubs in Paris. Eine Menge Leute werden vom Portier der Bains Douches abgewiesen, aber wenn Norton auftaucht, hat er garantiert Zutritt.

Eine der Lieblingsbeschäftigungen meiner kleinen Katze war das Erkunden der berühmten Dächer von Paris. Er hatte Zugang zu ihnen von unserem Zimmer im Trémoille. Das Hotel hat diese altmodischen, sehr schweren Fenster, die sich aufstoßen lassen. Norton saß oft in unserem Zimmer, die Nase gegen das Fenster gepreßt, und wartete darauf, daß ich verstand, wie gern er nach draußen wollte. Zuerst zögerte ich, aber wieder einmal zog Logik den kürzeren gegenüber Nortons Wunsch, und das Fenster wurde geöffnet. Ich hielt Norton für einen Augenblick auf dem Arm und erklärte ihm, daß er in einer fremden Stadt sei und sich nicht zu weit entfernen sollte, und dann lief er hinaus, über den Balkon und auf die roten Ziegeldächer von Paris.

Ich weiß nicht, wie weit er kam. Einmal sah ich ihn drei Giebel weiter, vielleicht einen halben Block entfernt. Er kam immer zurück, wenn er gerufen wurde, konnte sich also nicht außer Hörweite entfernt haben. Nach einer Weile betrachtete ich seine Streifzüge mit größerer Gelassenheit, und als ich den Zimmermädchen klargemacht hatte, daß sie nie die Fenster schließen sollten, wenn er nicht im Zimmer war, ging ich sogar dazu über, sie tagsüber geöffnet zu lassen, so daß er nach Herzenslust herumstolzieren konnte, wenn ich nicht da war.

Was Norton ebenfalls eine Zeitlang genoß, war unser ungewöhnlich häufiges Pendeln zwischen Paris und New York. Es gab eine Periode von etwa einem Monat, in dem alles, an dem ich gerade arbeitete, gleichzeitig fällig wurde – der Polanski-Film, ein Roman, den ich geschrieben hatte, ein TV-Pilotfilm –, und Norton und ich lebten in diesem Februar praktisch in der Concorde. Einmal in der Woche flog ich für ein paar Tage nach Paris, um an dem Drehbuch zu arbeiten. Dann sauste ich wieder in das schnelle Flugzeug, schwirrte zurück nach New York, erledigte, was immer ich dort zu erledigen hatte – zu diesem Zeitpunkt konnte ich meine verschiedenen Aktivitäten kaum noch auseinanderhalten –, und schon ging es wieder in die Concorde. Ich verbrachte die Flüge mit Lesen, Schreiben oder Umschreiben. Norton wanderte die wenigen Stunden in der Kabine herum und freundete sich mit den Flugbegleiterinnen und den Mitreisenden an.

Für ihn war es eindeutig das Äußerste an Luxus und der Höhepunkt seiner Reisen nach Europa. Die Flugbegleiterinnen lernten ihn so gut kennen, daß ich nicht einmal mehr seinen Karton mitzubringen brauchte. Nach einiger Zeit genügte es, wenn ich nur noch die Schultertasche aus Stoff für ihn mitnahm. Er fühlte sich in dem Flugzeug so zu Hause, daß ich halb damit rechnete, bald auf einem der Flüge folgende Ansage über den Lautsprecher zu hören: »Ladies and Gentlemen, wir haben für diesen Flug einen Gastpiloten, Monsieur, bitte begrüßen Sie die Passagiere.« Dann kam der Pilot an das Mikrofon, und ich hörte: »Miau.«

So weit kam es natürlich nicht, aber das lag nicht daran, daß Norton es nicht versuchte. Und wenn Sie in absehbarer Zeit mit dem Gedanken spielen sollten, nach Paris zu fliegen, würde ich die Möglichkeit nicht ausschließen. Wenn Sie ganz sichergehen wollen, daß Ihr Flugzeug pünktlich landet, schlage ich Ihnen vor, einen guten Vorrat an Pounce mitzubringen.

Hans-Jürgen Greif

DIE EIFERSÜCHTIGEN LIEBHABER

Kato kam zu mir an einem Julitag, vor fünf Jahren. Ihr kennt sie vom Sehen, aber wohl kaum jemand ahnt ihr heftiges Naturell. Als sie noch ganz klein war, hat Jason sie mit einem Punk verglichen. Bei ihrem ewig zerzausten Haar hätte man glauben können, daß sie geradewegs aus etlichen Farbtöpfen kam. Schnauze, Ohren, Pfoten und der kurze Schwanz, den sie schon damals bei guter Laune wie ein Banner trug, schimmerten hellgrau, der Rest des Körpers wies alle Schattierungen zwischen weiß und beige auf.

Sie muß in den ersten Lebenswochen viel gelitten haben. Von einem schwächlichen Wurf war sie als einzige übriggeblieben. Die Mutter lag mit Starallüren in einem Luxuskäfig, über dem erste Preise, Medaillen, Urkunden und bunte Bänder hingen. Der Züchter eilte mit ihr auf alle Ausstellungen, sie lebte die meiste Zeit in herrlichen Käfigen, die den Logen einer großen Sängerin ähnlich sahen. Sie paradierte im Verlauf ihrer Verpflichtungen vor Richtern, die sich zu ihren perfekten Körpermaßen äußerten, den Glanz ihres wundervoll langen Kleides bewunderten, die Wölbung der Nase, die Tiefe der klaren Augen. Sie war eine exzentrische, schöne, herzlose, verführerische, arrogante Mutter, das Covergirl zahlreicher Kalender. Sie verkaufte Luxusfutter und

Kosmetikartikel. Für ihre Tochter blieb ihr bei all der Arbeit keine Zeit. Vielleicht war sie auch bloß entartet – jedenfalls wollte sie nach drei Wochen nichts mehr von Kato wissen. Die Kleine wurde dann mit der Flasche durchgepäppelt, blieb aber kränklich. Als ich sie zum ersten Mal sah, war sie nur ein kleines blasses Etwas in der Ecke ihres Käfigs. Sie saß in sich zusammengekauert und beobachtete mich mit hellen, harten, mißtrauischen Augen, ohne jeden Funken von jener wachen Spielbereitschaft, die den Katzenfreund unweigerlich begeistert.

Der Züchter holte Kato aus dem Käfig und setzte sie auf einen langen Stahltisch, den er vorher sorgfältig mit einem Desinfektionsmittel abgewischt hatte. Der Kontrast zwischen der Kleinen und der Mutter traf mich so heftig, daß mir fast übel wurde. Jedenfalls dachte ich gleich, daß ich dieses Tier kaum würde lieben können. Die gewölbte Stirn erwachsener Himalajakatzen sieht aus, als liefen schwere Falten von der aufgeworfenen Nase bis zu den Ohren; sie verleihen ihnen das Air von Arroganz, das wir so an ihnen bewundern. Es scheint, als seien sie ewig schlechter Laune, wie eine Bulldogge oder ein verärgerter Beamter, ohne eine Spur Humor. Kurz, sie sehen nicht freundlich aus. Die Kleinen kommen mit einer glatten Stirn zur Welt, erst mit zunehmendem Alter sehen sie griesgrämig und streng aus. Wegen einer Laune der Natur trug Kato jedoch schon nach wenigen Wochen diese Falten auf der Stirn. Sie hockte da, winzig, mager, die Hinterpfoten gespreizt wie ein Frosch, mit viel zu großen Tatzen und lächerlich dürren Schenkeln. Sie starrte verbissen in eine Ecke des

Raums, wo sich andere Käfige im Dunkel verloren. Sie schien auf etwas zu warten, und ich bezweifle, daß sie ausgerechnet mich herbeisehnte.

Sie war so ganz anders als die anderen Kätzchen, die ich bei mir aufgenommen hatte. Jedes spürte gleich, daß ich Katzen verehre, und immer war unser Pakt bald geschlossen, nach allen Regeln der Kunst. Aber Kato rührte sich nicht, sie blieb auf diesem Labortisch sitzen, die Ohren nach hinten gewandt, als müsse sie sich auf einen schlimmen Streich vorbereiten. Und plötzlich bemerkte ich, daß sie schwach zitterte. Selbst die Spitze des Schwänzchens zitterte, das sie vergeblich unter dem Bauch verstecken wollte. Als der Züchter sie dann am Genick packte und sachte hob und sie regungslos hängenblieb, wie ein nasser Lappen, sah ich feuchte Pfotenabdrücke auf dem blanken Metall. Sie zitterte vor Angst! Aber sie zeigte so viel Selbstbeherrschung, daß sie förmlich erstarrte. Von diesem Augenblick an wollte ich sie an mich drücken und sie beruhigen. Ich nahm sie aus den Händen des Züchters; sie steckte sofort den Kopf in den Ärmel meiner Weste und reckte das Hinterteil wie ein Strauß in die Luft.

Der Mann sagte: »Sie wird ihr Leben lang klein bleiben. Für eine Wohnung eignet sie sich hervorragend. Sie braucht kaum Platz. Außerdem beklagt sie sich praktisch nie, und sie bringt nichts durcheinander.« Er pries sie mir an wie ein lästig gewordenes Spielzeug: »Sie läßt sich auch schon baden. Hat nie einen Muckser getan.« Kato zitterte jetzt nicht mehr. Sie gab sich ganz der Wärme hin, und meine Hände bedeckten sie fast ganz. »Sie ist noch ziemlich klein, aber die Mutter nimmt sie nicht mehr an. Mit etwas Geduld füttern Sie sie schon heraus, und sie wird eine solide Katze.«

Sie war wirklich noch zu jung. Während der Fahrt im Wagen saß sie still und zusammengekauert neben mir. Aber sobald ich sie in der Wohnung hatte, lief sie unaufhörlich vor dem großen Wohnzimmerfenster auf und ab, und zwar genauso viele Schrittchen, wie sie es von ihrem Käfig her gewohnt war. Ich weiß, daß man eine Katze nicht drängen darf. Ich ließ sie in Frieden. Sie kroch hinter ein Möbel, kam nicht mehr zum Vorschein. Als ich mich spät am Abend zu Bett legte, blieb ich regungslos liegen. Sie ließ lange auf sich warten. Es ist nicht so leicht, das Vertrauen eines mageren Kätzchens zu gewinnen, das Angst hat, von der Mutter verstoßen wurde und bereits die Zeichen eines frühen Kummers auf der Stirn trägt. Aber beim Einschlafen fühlte ich ein überraschend warmes Körperchen nahe an meinem Arm, und Kato schnurrte wie eine schlecht geölte Nähmaschine. Mitten in der Nacht weckte sie mich durch einen hohen scharfen Schrei auf. Sicher hatte ich mich bewegt und sie mit dem Arm gestoßen. Ich machte Licht. Sie war vom Bett gesprungen und lief gerade zur Tür, ohne mich aus den Augen zu lassen.

Auf mein Bett ist sie nie wieder gesprungen, auch das Schlafzimmer mußte ihr gefährlich erscheinen. Das Wohnzimmer aber nahm sie vollständig in Anspruch. Sie verteidigte jeden eroberten Winkel, jede Handbreit Boden. Am liebsten saß sie auf der Armlehne meines Lieblingssessels, auf einem der Stühle der kleinen offenen Eßnische, einem Lautsprecher nahe am Fenster. Die Wohnung hatte ich ausschließlich des Fensters wegen gewählt – wir haben ja alle diese seltsamen und etwas lächerlichen Schwächen. Es erinnerte mich immer an eines dieser vorspringenden Fenster alter Schloßtürme. Nur daß mein Schloß an einer Straßenkreuzung liegt, mit einer ruhigen Kneipe im Erdgeschoß, über deren Tür ein weißes Neonschild hängt. Am Abend beleuchtet es die Wohnzimmerdecke; das kleine Mobile aus runden Spiegelchen wirft blasse unruhige Lichter auf die Wände. Nach Mitternacht zeichnen die Scheinwerfer vorbeifahrender Wagen lange Streifen an die Decke. Dann sitze ich gern in meinem Sessel in der Tiefe des Zimmers, verloren in der Dunkelheit, in der mich flüchtige Lichter berühren wie heimliche und schnell vergessene Besucher. Kato liebte die Armlehne; mit zunehmendem Alter und größerem Gewicht hatte sie den Samt zerdrückt, ihr Körper lag da wie auf einem schmalen Grat. Manchmal verlor sie das Gleichgewicht und fiel unweigerlich auf meinen Schenkel. Dann streckte sie sich, machte einen Buckel, stieß einen kleinen Schrei aus, ging langsam zum Fenster, sprang auf ihren Lautsprecher und verfolgte wie ich das Spiel der Straßenlichter.

Wir hatten uns aneinander gewöhnt, aber unsere Beziehung blieb leidenschaftslos. Kato und ich lebten zwar zusammen, aber wir wurden kein Paar. Sie blieb schweigsam. Wenn ich sie einmal

tadelte, drehte sie mir einfach den Rücken zu, faltete die Vorderpfoten unter der Brust, schaukelte ein wenig hin und her, bevor
sie ihr Gleichgewicht gefunden hatte, spitzte die kleinen Ohren
nach hinten und wartete stundenlang, bis ich mich bei ihr für ein
in ihren Augen lächerliches Vergehen entschuldigte.

Sie knabberte gern Blumenknospen. Bei mir steht immer ein fri-
scher Strauß auf dem Tisch – der einzige Luxus, den ich mir noch
leiste. Ich gestehe, daß Kato mir durch die genüßliche Miene, mit
der sie ihre erste Rosenknospe verzehrte, viel sympathischer wurde. Aber eines Tages hatte sie ein halbes Dutzend verspeist und
auf meinem Sessel wieder herausgewürgt. Ich stellte ihr neue
Rosen hin, gab ihr einen Klaps auf die Nase, indem ich auf die
Blumen zeigte. In meiner Gegenwart naschte sie nicht mehr, aber
sie trug mir den Klaps noch lange nach. Nur noch ab und zu fand
ich winzige Löcher in den Blüten. Wenn ich nach Hause kam, lag
Kato auf ihrer Armlehne und schien zu träumen.

Eines Abends schenkte mir der Blumenhändler eine Grünpflanze,
einen jungen Philodendron, der ein hartes Leben hinter sich hatte. Er wies nur zwei zarte, blaßgrüne, durchsichtige Blätter auf,
ohne die berühmten Löcher. Ein drittes Blatt hing traurig und
von der Sonne halbverbrannt an seinem Stengel. In dieser Ecke
des Gewächshauses standen alle Pflanzen, die der Händler wegen
ihres kränklichen Aussehens aussortierte. Da gab es Kakteen mit
tiefen Wunden, alte Veilchen, zum Blühen zu müde. Anderes
konnte ich nicht oder nur mit Mühe erkennen, so sehr glichen
die Blätter welkem Salat und halbverfaultem Gemüse. Der Blu-

menhändler sagte mir: »Ich mache Ihnen ein kleines Geschenk, weil Sie so ein treuer Kunde sind. Er braucht nur ein bißchen Liebe, das ist alles. Eigentlich ist er gut beisammen. Wenn Sie sich um ihn kümmern, werden Sie schon sehen, wie er sich bedankt. Pflanzen sind ja verrückt nach Liebe! Geben Sie ihm ab und zu Dünger, sagen Sie ihm mal was Nettes, wischen Sie die Blätter mit einem feuchten Tuch ab, ein wenig Morgensonne, und Sie werden schon sehen, daß er Ihnen Spaß macht.« Er spürte, wie ich vor dem Pflänzchen zögerte. Vielleicht fürchtete er auch, in Zukunft weniger Schnittblumen zu verkaufen. Jedenfalls fügte er eilig hinzu: »Natürlich ersetzt er nicht Ihre Blumen. Überraschungen gibt es mit dem hier nicht. Er treibt nur Blätter.« Dann, nach einer Pause: »Nehmen Sie ihn doch, mir zuliebe. Sie werden schon sehen, bald wird er Ihnen schöne Blätter mit Löchern liefern, wie sich das gehört. Ehe Sie sich's versehen, müssen Sie ihm eine Stütze verschaffen, weil er schneller wächst, als Sie es sich träumen lassen. Er braucht bloß eine helle Ecke bei Ihnen.«

Ich nannte ihn Jack, weil er gewissermaßen hinkend in mein Leben getreten war. Aber auch, weil er trotz seines Handikaps, das ja nur die Folge seines Kampfs ums Überleben war, etwas von einem Preisringer an sich hatte. Der Stamm war kräftig, dunkelgrün und glatt. Diese zweieinhalb mageren Blättchen gaben ihm ein schüchternes Aussehen, wie einem Seefahrer, der sich ein Seidenhemd leistet. Diese Pflanze war einfach voller Widersprüche, und ich glaube, ich nahm sie nur aus diesem Grund bei mir auf.

Ich stellte Jack vor das große Wohnzimmerfenster. In seinem zu großen Topf sah er nicht besonders gut aus, so allein vor den großen Glasscheiben, ohne die anderen kranken Pflanzen, die ihm, wie der Händler gemeint hatte, ein wenig Körperfülle verliehen. Kato war lange um Jack herumgestrichen, hatte aber bald beschlossen, daß die Pflanze völlig uninteressant sei. Sie zog sich wie immer auf ihre Armlehne zurück und schien zu schlafen.

Wie der Händler gesagt hatte: Der arme Jack brauchte eine gehörige Portion Zuneigung. Bisher konnte die Mode der Grünpflanzen mir nichts anhaben; ich war immer der Meinung gewesen, sie gehörten in Gärten oder in exotische Treibhäuser, wo man sie im Winter besucht. Aber mit Jack trat ich in die Welt des Dauerhaften, Lebendigen, Wachsenden ein. Wie gesagt, zu Anfang standen Kato und ich ihm gleichgültig gegenüber. Ich habe keine Ahnung von Grünpflanzen. Für mich gibt es nur Blätter verschiedener Form und Farbe, aber im Grunde sehen sie für mich alle gleich aus, und ein Kohlkopf ist nicht besser als ein Gummibaum. Ich begoß ihn einmal pro Woche, kaufte Dünger.

Ich kümmerte mich ernsthaft um ihn. Nur eins brachte ich nicht über mich, obwohl mir der Händler dringend dazu geraten hatte: Ich sprach nie mit Jack. Ich fand, nichts sei hirnverbrannter, als mit einer Pflanze zu reden – sie reagierte ja nicht. Da hätte ich genausogut zu den Wänden oder mit den Möbeln sprechen können, und so tief war ich nicht gesunken. Die kurzen Gespräche mit Kato genügten mir vollkommen; mit Jack eine Unterhaltung zu führen schien mir geradezu erniedrigend. Bis ich ein erstes Lebenszeichen entdeckte: Am Ende des Stamms wuchs eine Spitze, entrollte sich quälend langsam. Zum ersten Mal empfand ich etwas wie Neugier. Wie würde das Blatt aussehen? Der Händler hatte mir von Löchern erzählt, und ich erlag fast der Versuchung, vorzeitig nachzusehen. Eine Woche lang schien Jack den Atem anzuhalten. Nichts geschah. Tag für Tag hänselte er mich mit diesem gerollten Blatt. Noch vor der ersten Tasse Kaffee lief ich frühmorgens zu ihm ans Fenster. Aber er gab sein Geheimnis nicht preis. Schließlich glaubte ich fest, er litte an einer mir unbekannten Krankheit, er sei zum Zwergwuchs verurteilt. Gerade als ich nicht mehr an dieses dumme Blatt denken wollte, überraschte mich Jack mit einem Schauspiel, das ich nicht vergessen kann. Ich hatte mich am Sonntag in meinem Sessel eingerichtet, mit Zeitung und Kaffee und Kato, als ich sah, daß Jack nicht nur sein Jüngstgeborenes entfaltet hatte, sondern wie einen Dolch eine neue hellgrüne Spitze in die Luft reckte. Ich stand auf, um das Wunder aus der Nähe zu sehen. An diesen Kraftakt hatten mich meine Blumen nicht gewöhnt. Die mußte ich verwöhnen und beschützen, damit sie sich in ihrer Vase entfalteten, die ja unweigerlich ihr Grab wurde. Bis zu diesem Sonntagmorgen hatte ich Jack als eine Fortsetzung meiner Leidenschaft für Blumen betrachtet. Aber das neue Blatt, das wie eine großzügig geöffnete Hand in der Luft schwebte, erschien mir plötzlich wie das Ende einer Epoche und der Beginn einer neuen Zeit, vor der ich mich nicht verschließen konnte. So seltsam das auch klingen mag: Ich fühlte deutlich, Jack wolle sich endgültig bei mir niederlassen.

Kato war mir gefolgt. Sie saß in respektvoller Entfernung, mit tiefernstem Gesicht. Vielleicht schätzte sie ab, welche Folgen dieses neue Leben in der Wohnung für sie haben würde. Ihre Augen folgten meiner Hand, die das neue Blatt wog und sanft an der Spitze entlangstrich. Die Ohren richtete sie manchmal in Richtung Fenster, manchmal nach hinten; sie sah mißtrauisch aus. Mir war nicht bewußt, daß ich gerade mit Jack gesprochen hatte – erst der Blick Katos brachte mich in die Wirklichkeit zurück. Ich saß neben einer Pflanze, ich gab ihr die Hand, ich hörte noch den Ton meiner Worte im Raum. Der absurde Dialog mit etwas, das mir nie antworten würde, begann.

Als ich wieder im Sessel saß, schlich Kato vorsichtig zu Jack, um ihn zu prüfen. Sie beschnupperte den Boden, als könne sie dort die Antwort auf meine Ausrufe finden. Da alles wie sonst schien, kehrte sie auf ihre Armlehne zurück, die Pfoten unter der Brust, den Kopf zum Fenster gewandt. Dann drehte sie sich um, suchte einen Augenblick lang ihr Gleichgewicht und wandte sich mir zu, ohne mich anzusehen. Ich hätte schwören können, daß sie mich überwachte, aber wer weiß nicht, wie selten man in die Gedanken einer Katze dringt! Als ich die Hand ausstreckte, um sie zu streicheln, sprang sie nicht sofort zu Boden, sondern hob nur den Kopf, als hätte ich sie gerade aufgeweckt. Nach kurzem Zögern zog sie sich wie gewöhnlich auf einen der Stühle in der Eßnische zurück.

Ich erinnere mich nicht mehr, zu welchem Zeitpunkt sich das Benehmen Katos veränderte; die Entwicklung Jacks beschäftigte mich zu sehr. Jeden Morgen lief ich zum Fenster, um nachzusehen, ob es etwas Neues gab. Was ich tat, war wirklich lächerlich: Schon beim Kaffee bewunderte ich die Zeichen einer neuen Geburt. Jack war verführerisch in seiner Kraft, er wuchs wie verrückt, er schien sich zu lange zurückgehalten zu haben. Jetzt hatte er offenbar Zutrauen gefaßt zu seiner Umgebung, weit weg von seinen kurzatmigen Leidensgenossen. In diesem Zimmer lebte er frei. Alles gehörte ihm, Licht, Luft, meine Bewunderung und Pflege.

Wenn ich nachmittags gegen vier Uhr von der Arbeit zurückkam, begrüßte ich ihn sofort, prüfte die Erde im Topf, blies ein paar Staubkörner weg. Dann setzte ich mich lange vor ihn hin und versank in stumme Betrachtung. Ich bemühte mich, immer die gleiche Haltung einzunehmen, den Kopf an dieselbe Stelle zu legen. So konnte ich besser verfolgen, wie er wuchs. Er schien eine ganz besondere Art zu haben, sich zu entfalten. Wenn er nach langem Zögern endlich ein Blatt entrollte, so zeigte sich bereits ein anderes, nur noch lose um die Spitze gewickelt, mit großen Löchern. Nach dem fünften Blatt verwandelte sich die Pflanze in eine Silhouette aus dunkelgrüner Spitze.

Wir waren damals mitten im Juli. Jack erreichte schon den unteren Rand des Fensters; es war jetzt leichter, sein Wachstum zu verfolgen. Trotz des starken Stamms litt er unter dem Gewicht der großen Blätter und half sich mit einer Menge Luftwurzeln, die sich in die Erde des Topfs bohrten oder wie Finger in der Luft hingen. Ich hätte gern meinen Händler um Rat gefragt. Aber ich sah ihn immer seltener, denn Jack fesselte mich mehr als die zum Tod verurteilten Blumen. Nur noch ab und zu kaufte ich einen Strauß, und komplizierte Farb- und Formzusammenstellungen interessierten mich nicht mehr. Sicher fühlte ich mich ein wenig schuldig meinen alten Freundinnen gegenüber, und statt dem Händler zu danken, verheimlichte ich ihm meine Leidenschaft für eine starke, lebendige Pflanze, die er nicht wiedererkannt hätte. Jack schlug jedes Gewächs, das der Händler anpries. Seine Form wurde immer origineller, er wuchs zügellos. Aus einer kleinen schüchternen Pflanze wurde ein tropisches Tier – glatt, geschmeidig, beunruhigend, saftstrotzend.

Durch einen sonderbaren Vorfall sah ich ein, wie notwendig mir die tägliche Bewunderung für Jack geworden war. Nachdem ich eines Tages meine Tasche auf dem Tisch im Vestibül abgelegt hatte, ging ich gleich zu Jack. Ich wollte nachsehen, ob er sich seit dem Morgen verändert hatte. Es mag lächerlich klingen, aber ich erwartete jeden Tag Neues von ihm. Öfter schon hatte ich gegen Abend gesehen, wie eine Wurzel nach Halt suchte. Aber die größten Veränderungen fanden immer in meiner Abwesenheit statt, und ich hatte mir schon geschworen, ein ganzes Wochenende vor dem Fenster zu sitzen und aufzupassen, was er mir verheimlichte. Ich wollte herausfinden, was für eine Kraft das war, die ihn vorantrieb.

Ich wollte ihn also genauer prüfen. Um ihn besser zu sehen, trat ich einen Schritt zurück – und voll auf Kato, die mir gefolgt war. An sie hatte ich nicht mehr gedacht; ihr Schrei erinnerte mich daran, daß Jack und ich nicht allein hier wohnten. Sie war jetzt nahe am Sessel, aber in einer so merkwürdigen Haltung, daß ich einige Minuten brauchte, um mir klarzuwerden, was sie sagen wollte. Kaum etwas ist so beredt wie eine Katze, die uns Vorwürfe macht. Sie drehte mir den Rücken zu und leckte sich die verletzte Pfote, wandte dabei den Kopf in meine Richtung. Das Hinterteil berührte kaum den Boden, und mehrfach ließ sie sich fast nach vorne fallen, als wolle sie fliehen. Aber der Schmerz nagelte sie fest, sie beobachtete mich genau, während sie sich leckte. Als ich mich bückte, um sie zu streicheln und ihr ein paar Entschuldigungsworte zuzumurmeln, zögerte sie, hob dann den Kopf, als suche sie meine Hand, lief dann humpelnd zur Eßnische. Katzen sind wunderbare Schauspieler, das wußte ich, aber Kato humpelte so überzeugend, daß sich mir die Kehle zuschnürte. Plötzlich dachte ich, wie sehr ich sie seit Jacks Ankunft vernachlässigt hatte. Ich streichelte sie kaum noch; wenn sie zu mir kam, tätschelte ich sie zerstreut und freundschaftlich, während ich Jack bewunderte.

Bisher war mir nicht aufgefallen, daß die Pflanze eine Rivalin für Kato sein könnte, aber ich muß zugeben, daß mich Jack begeisterte. Von Kato hatte ich keine Überraschungen mehr zu erwarten, sie trug seit langem das Etikett »die schöne Egozentrikerin«, die auf meine Werbung nicht eingegangen war. Vor einer Wand aus Gleichgültigkeit ermüde ich schnell, und ich verliere nicht gern Zeit und Energien. Jack hätte mich nie gefesselt, wenn ich Kato mehr geliebt hätte. Ich sagte mir: Im Grunde hat sie es verdient, jetzt erntet sie die Früchte ihrer Arroganz.

Aber sie veränderte sich, und zwar sehr deutlich. Sie wartete jetzt jeden Tag hinter der Wohnungstür, saß mitten auf dem kleinen Teppich im Eingang. Dabei sah sie mich nicht an, blieb verhalten, den Schwanz um die Pfoten gelegt. Dann stand sie auf, wartete, bis ich im Wohnzimmer war, und folgte mir dann in respektvoller Entfernung zum Fenster. Ich weiß nicht, welcher Dämon mich so grausam werden ließ, ein Spiel mit ihr zu treiben, das sie schließlich zur Verzweiflung brachte. Ich tat so, als sähe ich sie nicht, ging ohne ein Wort für sie zum Fenster, blies auf die Blätter, wischte sie ab, prüfte die Feuchtigkeit der Erde, ermutigte die Pflanze mit ein paar Worten, wie man es bei Kindern tut. Ich wußte, die Katze beobachtete mich. Manchmal bückte ich mich, um eine verirrte Wurzel zurückzuführen, die Erde ein wenig aufzulockern, wie mir der Händler geraten hatte. Ihr Kopf folgte meiner Hand mit ruckhaften Bewegungen. Ich mußte achtgeben: Sobald ich mich umdrehte, sah sie in eine andere Richtung, mit dieser unnachahmlichen Miene, mit der sich Katzen in ihre Welt einschließen.

Ich gebe zu – sie war stärker, als ich dachte. Sie wich meinem Blick aus, ließ sich nur wenige Augenblicke lang streicheln, als beschäftige sie Wichtiges, sprang dann auf ihre Lehne. Sie hätte sicher in diesem Spiel gewonnen, wäre Jack weniger wichtig für mich gewesen. Man hätte sagen können, er warte nur auf meine Gegenwart, um mich immer wieder zu beschenken. Gegen Ende des Sommers verdunkelte er langsam das Zimmer; die rosenfarbenen Sonnenuntergänge verwandelten sich in ein zartes goldenes Grün. Ich rechnete aus, wann ich die Stütze für diese überbordende Kraft erneuern müßte.

Kato und ich spielten indessen weiter. Einige Wochen lang hatte sie versucht, sich mit einer Fastenkur interessant zu machen. Danach entwickelte sie einen nervösen Tick: Sobald ich mich Jack näherte, leckte sie sich heftig, jedoch nicht nach Katzenart, methodisch, genußvoll. Sie bearbeitete so lange eine Stelle auf der Brust, nahe am Hals, bis sie blutete. Ich brachte sie zum Tierarzt, der mir sagte, solche Reaktionen gebe es häufig bei dieser hochgezüchteten Rasse. Er wollte mir ein Beruhigungsmittel für die Kleine geben, aber gleich nach dem Besuch in der Klinik vergaß sie ihre Manie.

Ich hatte sogar daran gedacht, ihr Gesellschaft zu verschaffen. Aber ich mußte die Idee bald aufgeben: Sobald Kato die kleine Tigerkatze einer Nachbarin auf meinem Arm sitzen sah – ein hübsches Tier, voller Leben, verspielt, mit glänzenden hellgrünen Augen –, wurde sie wahnsinnig vor Wut. Zum ersten Mal sah ich, wie sie den Kopf verlor. Sie drehte sich im Kreis, stieß ein langes bösartiges Geheul aus, ein mörderisches Licht in den Augen. ›Wenigstens weiß sie, was sie will‹, dachte ich.

Die Wohnung hatte sie nur einmal im Leben verlassen. Eines Tages nahm ich sie im Wagen mit, um ihr Gras zu zeigen, Bäume, ihr neue Gerüche und Laute vorzuführen, die nichts mit unserer Straße gemeinsam hatten. Ich kannte sie noch zu wenig. Sobald sie den frisch gemähten Rasen unter den Pfoten spürte, sprang sie wütend in die Luft, stumm, mit peitschendem Schwanz, die Augen böse auf das Gras gerichtet. Als sie das Springen satt hatte, setzte sie sich auf die glühendheiße Kühlerhaube, hob nacheinander die Pfoten. Ich sah ein, daß frische Luft, eine Wiese, die Verbindung mit der Außenwelt nichts für sie waren. Zu Hause wollte sie nicht einmal mit zum Briefkasten kommen. Sobald ich sie absetzte, lief sie in die Wohnung zurück, besetzte ihre Festung, die sie für lange Stunden nicht mehr verließ.

Was konnte ich mit einem so verdorbenen Tier anfangen? Es war klar, daß sie nur in dieser Wohnung glücklich war. Sie ertrug jetzt auch besser die Gegenwart von Besuchern, denn sie hatte herausgefunden, daß sie letztlich doch mit mir allein blieb.

Aber ein Gast durfte nicht zu lange bleiben. Kato schien über eine innere Uhr zu verfügen. Sobald der Eindringling sich verewigen wollte, spazierte sie zwischen Wohnzimmer und Eingangstür hin und her. Sobald wir wieder allein waren, schnüffelte sie lange an dem Stuhl mit dem fremden Geruch herum und ließ sich unweigerlich auf dem Sitz nieder, um von dem verlorenen Gut erneut Besitz zu ergreifen.

Ich hätte spüren müssen, daß sie unendlich an mir hing. Aber wie hätte ich das wissen sollen? Wir trafen uns so selten, und ihr harter und hochmütiger Blick richtete Wälle zwischen uns auf, die mir unüberwindlich schienen. Ein Streicheln ertrug sie ungnädig. Kurz vor Beginn des letzten Winters hatte Jack eine beunruhigende Größe erreicht. Die dunkelgrünen Blätter verdeckten jetzt fast ganz das Fenster, und ich mußte am Wochenende meine Zeitung unter einer Lampe lesen. In dieser traurigen grauen Jahreszeit, in der das Licht hinter ewigen Regenvorhängen verschwindet, vermittelte er mir die Illusion eines tropischen Landes. Seine Stütze hatte ich seit langem ersetzt. Die Masse der Blätter trug eindeutig einen fleischlichen Charakter, und Jack schien über eine Unzahl von Armen zu verfügen: Die Wurzeln schwebten frei in der Luft, schienen nur träge die Erde zu suchen – es war, als säße ich vor einem Urwald mit Lianen. Jede Woche wuchsen ihm neue Blätter, andere Wurzeln, seine Gestalt wurde üppig, beinahe barock. Ich ließ wehrlos diese Fruchtbarkeit über mich ergehen.

Zu diesem Zeitpunkt überkam mich ein Gefühl von Mattigkeit. Ich hatte mir bewiesen, daß ich mit Pflanzen umgehen konnte, wobei ich bedauerte, daß Jack nie Blüten hervorbringen würde. Schon dachte ich, während ich vom Sessel aus die riesige Pflanze betrachtete, bald müsse ein neuer, größerer Topf her und daß Kato endlich unter ihrem eigenen Dach einen Baum zum Träumen hätte.

An diesem ersten Freitagnachmittag des Monats Dezember wartete sie nicht wie gewöhnlich auf dem Teppich im Vestibül. Ich sah unter dem Tischtuch im Eßzimmer nach: Auch dort war sie nicht. Als ich mich dann mechanisch Jack zuwandte, den ich seit langem begrüßte, wenn ich von der Arbeit nach Hause kam, bot sich mir ein so merkwürdiges Bild, daß ich nicht gleich verstand, was vorgefallen war. Auf dem Fußboden lagen zerrissene Blätter, etwas Erde, zerfetzte Wurzeln. Jack stand schief da, als habe man versucht, ihn umzuwerfen.

Als ich mit der Hand die Stütze suchte, um nachzusehen, ob der Stamm noch sicher an ihr festgebunden war, berührte ich den weichen Körper Katos. Ich verstand immer noch nicht, hob die Blätter hoch, denn ich verstand nicht, was sie mitten in diesen Blättern suchte. Sie hing da, den Hals in einer Schlinge aus glatten kräftigen Wurzeln. Sie bewegte sich nicht, die Schnauze war nach oben gereckt, die Zunge blau und blutig zwischen den Zähnen. Sie mußte lange gekämpft haben, denn der Stamm war überall zerkratzt, von ihren Krallen hingen lange grüne Streifen. Sie war nur noch ein seltsames langes Stück Fell, wie ein Silberfuchs im Schaufenster eines Pelzhändlers. Als ich versuchte, sie von der Schlinge zu befreien, zitterten meine Hände vor Ekel: Die Wurzeln hatten sich so kompliziert ineinander verflochten, daß ich in die Küche laufen mußte, um ein Messer zu holen. Die Klinge war zu breit, ich mußte buchstäblich sägen, fürchtete, in den noch lauwarmen Körper hineinzuschneiden. Die Pfoten schwangen im Rhythmus hin und her, bis ich endlich die Wurzel abriß. Wie ein Verrückter rannte ich zum Tierarzt, rempelte Leute auf der Straße an, bemerkte zu spät, daß ich ohne Mantel unter dem feinen eiskalten Regen lief, schützte Kato mit den Armen, wich Autos auf der glatten Chaussee aus, verlor mehrmals das Gleichgewicht. Ich bewegte mich wie einer, der auf Treibsand geht. Ich erinnere mich nur noch an den merkwürdigen Eindruck, eine kleine Leiche im Arm zu halten, überraschend schwer, mit verrenkten Gliedern. Kein Laut in den beleuchteten Straßen, ich hörte im Kopf nur immer wieder den einen Satz, im gleichen Ton, im selben Rhythmus: ›Das verzeihe ich mir nie.‹ Ich fühlte, wie mich eine ungeheure Welle von Schuld überschwemmte, denn ich dachte nur noch an mein dummes Spiel. Wohl sah ich, warum sich Kato erhängt hatte, aber noch nicht, wie sie es tun konnte.

Der Tierarzt zerschnitt die Schlinge, prüfte rasch den Körper, trug ihn in den kleinen Operationssaal. Ich hörte das Klirren von Instrumenten, ein Motor brummte. Als er zurückkam, sagte er: »Ich werde sie einen Tag hier unter Aufsicht halten. Sie hat lange in der Schlinge gehangen. Kommen Sie morgen abend wieder.«

Von ihren sieben Leben hatte Kato eins hinter sich. Als ich begriff, daß sie nicht sterben würde, fing ich zu zittern an, wie nach einer starken Aufregung. Es mag dumm klingen, die Nerven wegen einer Katze zu verlieren, aber alles ist ja nur eine Frage der Perspektive: Wir hängen an denen, die uns täglich begleiten und uns am vertrautesten sind. Da dachte ich wieder an Jack – die Antwort, die ich suchte, würde ich bei ihm finden.

Zu Hause schaltete ich alle Lampen an. Ich drehte mich zum Fenster, die Hand noch auf dem Schalter. In diesem Augenblick verstand ich, was sich abgespielt hatte. Jack stand vor mir, nur wenige Schritte entfernt. Alle Blätter wiesen ins Innere des Zimmers, zu mir, in Richtung des Sessels, auf dem ich am liebsten saß. Sie hatten sich aufgerichtet, glänzten mit einer Kraft, die dem Angriff der Widersacherin spotteten. Sie waren eine Unzahl von Armen, mit Händen und weitgespreizten Fingern. Diese Pflanze wartete nicht auf etwas – sie war die Verkörperung eines Rufs, gemischt mit bösem Triumph. Jack sah aus wie ein Sieger. Er verachtete das Gesetz, das alle Lebewesen dazu zwingt, sich dem Licht zuzuwenden; er bewies, daß er genau wußte, was er wollte. Ich bückte mich, um die ineinander verschlungenen Blätter, Wurzeln, diese ganze märchenhafte wilde Vegetation zu prüfen, als ich verwirrt zurückwich. Die Wunden, die ihm Kato geschlagen hatte, waren verschwunden. Nur einige hellgrüne Flecken blieben auf dem glatten Stamm. Ich raffte die Reste der zerrissenen Blätter vom Boden auf, die noch gesund und frisch aussahen.

Am nächsten Morgen ging ich zum Blumenhändler. Der frische Strauß mit Gerbera war jedoch nur der Vorwand, ihn zu bitten, den Philodendron abzuholen. Er sei zu groß für meine Wohnung geworden, sagte ich. Er sah mich ungläubig an. Seiner Meinung nach – er erinnerte sich sehr wohl an das von der Sonne halbverbrannte Pflänzchen, das er mir eineinhalb Jahre zuvor geschenkt hatte – konnte Jack zwar gewachsen sein, aber doch nicht so, daß er mir die Luft benahm. Als er zu mir kam, blieb er lange vor diesem kleinen Urwald stehen, ging mehrmals um ihn herum, pfiff überrascht durch die Zähne. Er sagte noch, ob ich nicht wisse, daß man eine Pflanze regelmäßig drehen muß, damit alle Blätter Licht bekommen. Er fand, dieser Philodendron habe sich zu einseitig entwickelt. Wir trugen ihn die enge Nottreppe hinunter. Die Blätter rauschten an den Wänden wie zerknittertes Papier, die Wurzeln verfingen sich im Geländer. Um Jack in den kleinen Lastwagen zu bringen, mußten wir ihn hinlegen. Als ich wieder zu

Hause war, schien mir die Wohnung leer, unendlich viel größer als je zuvor. Dabei hatte ich das Gefühl wie bei einem Gast, der zu lange geblieben ist, eine Mischung aus Erleichterung und Bedauern. Ich säuberte gründlich den Boden, aber auf den Brettern ist heute noch ein großer runder Fleck zu sehen, mit dem sich Jack in Erinnerung bringt.

Auf Kato warteten noch sechs andere Leben, doch ich schwor mir, in Zukunft besser auf sie zu achten. Nach ihrem Aufenthalt in der Klinik stand sie lange Minuten auf der Wohnzimmerschwelle und starrte in Richtung Fenster. Dann pirschte sie sich langsam heran, als sei sie auf der Jagd, beroch den frischgewachsten Fußboden, ließ sich endlich mitten in Jacks Kreis nieder. Gegen meinen Willen mußte ich lächeln: Eine hochmütige und eifersüchtige Katze ist mir einfach lieber als eine zügellose wahnsinnige Pflanze …

Mehrere Wochen lang blieb Kato mißtrauisch. Sie setzte sich jetzt gern aufs Fensterbrett, nahm wieder Besitz von ihrer Welt. Ihre Gewohnheit, mich hinter der Eingangstür zu erwarten, hat sie nicht verloren. Seit einiger Zeit kommt sie sogar am frühen Morgen ins Schlafzimmer. Dann setzt sie sich aufs Bett, so weit weg von mir wie möglich. Beim Aufwachen sehe ich einen undeutlichen Schatten, und sobald ich aufstehe, geht sie langsam und widerwillig weg. Vielleicht kommen wir uns eines Tages näher.

422

Max von der Grün
PUSSY

Wir wollten keine Katze haben, aber auf einmal hatten wir eine. Seitdem ist dieser Vierbeiner unser Traum und Alptraum zugleich.

Zur Ferienzeit, das wissen wir seit Jahren, werden viele dieser ach so geliebten Hausgenossen ausgesetzt, weil man sie zu Urlaubsorten nicht mitnehmen kann oder darf; so geschah es auch mit unserer Katze. Wir haben gegenüber der wenig befahrenen Straße einen Bauern als Nachbarn, und viele dieser sogenannten Tierfreunde glauben, eine Katze fände dort allemal eine Umwelt, um überleben zu können, deshalb setzt man Tiere heimlich auf einem Bauernhof aus.

Es sind jetzt elf Jahre her, da miaute ständig ein sehr gepflegtes, etwa ein halbes Jahr altes Kätzchen in unserem Garten und in den Gärten der Nachbarn. Eines Tages saß das Kätzchen auf unserer Terrasse und blickte bettelnd durch die Glastüre ins Wohnzimmer, und weil meine Frau ein gutes Herz hat und wir noch einen kleinen Rest von unserem Schweinebraten übrig hatten, schnitt meine Frau den kalt gewordenen Braten in kleine Würfel, legte sie fein säuberlich auf einen goldverzierten Teller und stellte ihn auf die Terrasse. Das war abends um sieben Uhr. Fortan erschien das Kätzchen jeden Tag pünktlich um sieben Uhr auf unserer Terrasse und schaute dezent und fordernd zugleich durch die Glastüre ins Wohnzimmer, und meine Frau setzte ihr auch jeden Tag etwas vor. Es kam auch vor, daß mir der letzte Bissen vom Abendbrot weggenommen wurde mit der Bemerkung: Das ist für die Katze. Ich gewahrte zu meiner Überraschung auch, daß nun zwei Flaschen Milch im Kühlschrank waren.

Das ging drei Wochen so, man hätte die Uhr nach dem Auftauchen der Katze richten können, bis eines Abends ein fürchterliches Gewitter mit sturzbachartigem Regen niederprasselte und die Katze trotzdem erschien; sie war durch den vorspringenden Balkon etwas vor dem Regen geschützt, und weil meine Frau ein gutes Herz hat, äußerte sie mit Entschiedenheit, das erbarmungswürdige Wesen dürfe man nicht im Regen stehenlassen, sie wolle es in der Küche füttern.

Ich ahnte, was unweigerlich die Folge sein würde, denn ich bin mit Katzen groß geworden. Es kam, wie es kommen mußte: Meine Frau – wir tauften die Katze an diesem Tag auf den Namen Pussy – ließ die ach so Erbarmungswürdige ins Haus und fütterte sie in der Küche, zwei kleine Frikadellen waren übriggeblieben. Nach ihrem Mahl setzte sich Pussy mitten ins Wohnzimmer, leckte sich das Maul und das Fell, das meine Frau vorher mit Küchenpapier halbwegs trockengerieben hatte; Pussy sah sich interessiert und noch etwas eingeschüchtert um, peilte einen Sessel an, und mit einem weiten Satz eroberte sie ihn. Von der Sekunde an hat sie meine Frau und mich adoptiert, ohne uns vorher zu fragen.

Wer behauptet, nur Hunde wären anhänglich und könnten Freude zeigen, der hat noch nie mit Katzen zu tun gehabt; Katzen sprechen eine andere Sprache und zeigen ihre Gefühle auf eine andere Art. Wenn ich am Schreibtisch sitze und Pussy ihren Hals an, was weiß ich reibt, heißt das: Ich liebe dich, steh auf und gib mir Futter.

Jedenfalls, überintelligent wie Pussy nun mal ist, hat sie erstaunlich schnell herausgefunden, daß sie im Haus eines Schriftstellers untergekommen war, nein, daß sie einen Schriftsteller und eine Lehrerin adoptiert hatte, denn die Sessel im Wohnzimmer nahm sie nur dann in Beschlag, wenn meine Frau und ich es uns beim Fernsehen gemütlich machen wollten. Ihr bevorzugter Platz wurde bald der Schreibtisch, von dem aus sie einen wundervollen Blick auf die Kreuzung und auf den Bauernhof hat; schließlich eroberte sie den Schreibmaschinentisch und als Krönung endlich die Schreibmaschine, von der ich sie jedesmal fortjagen mußte, wenn es unumgänglich wurde, einen Bogen einzuspannen – schließlich bin ich ab und zu gezwungen, Geld zu verdienen.

Pussy verließ dann ihren Platz unwillig, manchmal sogar wie ein Hund knurrend. Sie suchte sich dann nicht etwa eine andere Liegestatt, nein, sie blieb mit eingeschlagenen Vorderpfoten neben dem Schreibmaschinentisch liegen, und wenn ich zu ihr runtersah, blinzelte sie sprechend zu mir hoch: So geht man nicht mit einer Dame um. Im alten Ägypten waren wir noch heilige Tiere. Ich will doch nur dein Bestes, nämlich die Schreibmaschine vorwärmen, damit deine Tipperei flüssiger läuft und deine Einfälle nie versiegen.

Sie war verletzt. Nachtragend ist sie auch. Wenn ich den Dreh-stuhl am Schreibmaschinentisch wieder verließ, sprang sie nicht sofort mit Siegesgeheul auf ihren bevorzugten Platz, nein, sie blieb schmollend in unveränderter Haltung liegen, aber wenn ich eine Stunde am Schreibtisch Texte gebosselt hatte und dann den Text in die Maschine tippen wollte, sprang Pussy drei Sekunden, bevor ich mich zur Schreibmaschine begab, mit einem gewaltigen Satz auf den Drehstuhl am Schreibmaschinentisch, und dann … siehe oben.

Später fand sie einen anderen Dreh, vielleicht, weil ihr die Schreibmaschine auf Dauer zu hart geworden war, denn sie lieb-te an sich weiche Liegeplätze. Auf meinem Schreibtischstuhl liegt ein Kissen, und der Stuhl am Schreibmaschinentisch ist ein Dreh-stuhl; beide Sitze sind jetzt ihre bevorzugten Schlafplätze. So an die zwanzig Stunden kann sie da liegen. Das bringt für mich Pro-bleme.

Wenn ich morgens, nachdem meine Frau zur Schule gefahren ist, noch geruhsam meine Zeitung lese, schleicht sich Pussy heimlich die Treppe hoch. Ich höre sie trotzdem, weil eine der Holzstufen knarrt, auch wenn man sie nur leicht berührt. Unterm Dach ist mein Arbeitszimmer wie eine Art Studio ausgebaut, und wenn ich dann spätestens um halb neun mein Heiligtum betrete, liegt Pussy schon dick und dickfellig auf dem Kissen des Schreibtisch-stuhls, was mich natürlich maßlos ärgert, weil ich mich in meiner Bewegungsfreiheit eingeengt fühle; aber ich sage mir, macht nichts, ich muß heute sowieso längere Zeit die Schreibmaschine traktieren, diverse Arbeiten erledigen, die längst hätten erledigt werden müssen und nur deshalb aufgeschoben wurden, weil die Katze tagelang die Schreibmaschine besetzt hielt. Irgendwann aber muß ich den Platz wechseln, aber auf dem Schreibtischstuhl liegt das eingerollte Etwas. Ach, laß sie liegen, sage ich mir, ich habe im Garten noch eine Menge Arbeit, ich muß auch noch das Geschirr in der Küche spülen, ach ja, meine Frau bat mich, falls ich Zeit fände, Obst einzukaufen; ich hole mein Fahrrad aus der Garage und fahre ins Dorf.

Nach einer Stunde kehre ich zurück. Die Katze liegt noch immer eingerollt auf dem Schreibtischstuhl. Ich überlege, was ich noch erledigen könnte, es fällt mir beim besten Willen nichts mehr ein; notgedrungen hebe ich Pussy hoch, die das nur mit einem heiseren Miau quittiert, und trage das Faultier zum Drehstuhl am Schreibmaschinentisch.

Ich habe gesiegt, ich juble innerlich.

Endlich wieder Herr am eigenen Schreibtisch. Nach zwei Stunden müßte ich eigentlich wieder an die Schreibmaschine, um aufgelaufene Post zu beantworten. Ach was, ich schreibe die Briefe mit der Hand, soll der Empfänger sich mit meiner Pfote herumschlagen. Die Briefe sind geschrieben, die Katze liegt immer noch im Drehstuhl, und auch dem Langmütigsten reißt einmal die Geduld. Ich hebe also die Katze wieder hoch und trage sie – wie viele Male schon? – zum Schreibtischstuhl. Weil mir diese Hin- und Hertragerei letztlich auf Dauer zu anstrengend wird und auch zu nervig, hat es Pussys Dickfelligkeit tatsächlich fertiggebracht, daß ich seit nunmehr zehn Jahren meine Manuskripte wieder mit der Hand schreibe, und erst wenn ich überzeugt bin, sie abgeschlossen zu haben – das kann Wochen oder Monate dauern –, dann erst setze ich mich an die Schreibmaschine, aber die Katze liegt auf dem Drehstuhl am Schreibmaschinentisch. Ich trage sie erneut zum Schreibtischstuhl, auf dem sie dann mit Ausdauer weiterschläft.

Seit einem halben Jahr ist auch dieses terroristische Benehmen überholt, denn jetzt hat sie das bedruckte Papier entdeckt, das bedruckte Papier interessiert sie aber erst in dem Augenblick, wenn ich es zur Hand nehmen will, sei es am Montag »Der Spiegel«, donnerstags »stern« und »Zeit«. Sie aalt sich geradezu auf diesen Gazetten mit einer Ausdauer, die schon ans Schamlose grenzt.

In den letzten zwei Jahren hat sie eine Anhänglichkeit entwikkelt, über die man sich schon nicht mehr ungetrübt freuen kann, die schon beängstigend wirkt: Bin ich im Arbeitszimmer, ist sie auch da, bin ich in der Küche, ist sie auch da, arbeite ich im Garten, hockt sie mir im Wege, reinige ich das Auto, sitzt sie am Steuer, hole ich morgens Brötchen um sieben Uhr, läuft sie hinter mir her und wartet vor dem Bäckerladen, schießt dann aber sofort ab, wenn ich aus der Bäckerei heraustrete, und wenn ich nach hundertfünfzig Meter Weg zu Hause ankomme, wartet sie schon ungeduldig vor der Haustüre. Feige ist sie überdies auch, Pussy aber nennt es Vorsicht. Ein Beispiel: Früher strolchte sie auf dem Bauernhof, der ein wahres Paradies für Katzen ist, herum. Der Hof war einmal ihr unbestrittenes Revier, seit einem halben Jahr aber hat sich auf dem Bauernhof eine wilde Katze einquartiert, ein schwarzes Ungeheuer von Kater, dessen Fell mit zahllosen Kampfspuren überzogen ist. Seitdem besucht Pussy den Hof nicht mehr, es sei denn, sie sieht von unserem Garten, daß ich mich auf dem Hof aufhalte und dort mit dem Bauern palavere; dann kommt sie wie ein Hase angehoppelt und setzt sich dicht an meine Beine, demonstriert dem frechen Eindringling, wer der eigentliche Ureinwohner des Bauernhofes ist. Kaum habe ich dem Bauern den Rücken gekehrt, die Straße überquert und unseren Garten betreten, fegt sie, sich beinahe überschlagend, mir hinterher und plaziert sich auf den Palisaden. Ich höre dann geradezu ihr Hohngelächter, wenn sie den frechen Eindringling über die Straße hinweg mit den Augen bekriegt, denn in unseren Garten traut sich das schwarze Ungeheuer nicht, zumindest nicht, solange ich Pussys Schutztruppe spiele.

In letzter Zeit ist auch der Fraß ein Problem geworden, seitdem sie einmal mit Filetspitzen gefüttert worden ist. Jetzt verachtet sie Dosenfutter und weigert sich, ihren Pott leer zu fressen; ich bin selbstverständlich konsequent und sage mir, wenn du Hunger hast, wirst du garantiert fressen. Aber nein, sie darbt vierundzwanzig Stunden, und nach dieser Zeit ist ihr Futter schlecht geworden, und ich kann es wegwerfen.

Brenzlig, Alarmstufe eins wird es, wenn meine Frau Lammbraten zubereitet, den schmort sie immer im Römertopf.

Schiebt sie den Braten in die Röhre und der erste Duft entweicht, geht in Pussy eine seltsame Wandlung vor; sie ist nicht mehr lieb und anschmiegsam, sie wird widersetzlich und muß mit Gewalt aus der Küche entfernt werden. Wenn ich später am Eßtisch die Lammkeule oder den Lammrücken tranchiere, bin ich genötigt, ständig ein Auge auf sie zu werfen, denn sie ist schon einmal auf den gedeckten Tisch gesprungen, und ich hatte große Mühe, sie einzufangen und auszusperren.

Nach dieser nicht gerade feinen Erfahrung habe ich eine andere Methode gefunden: Bevor der Braten auf den Tisch kommt, schneide ich in der Küche ein Stück ab, zerkleinere das Fleisch in Würfel und serviere es ihr in ihrem Freßpott.

Eine Lehre haben meine Frau und ich aus Pussys Gier gezogen: Meine Frau schmort niemals Lamm, wenn uns Besuch ins Haus steht; schließlich wollen wir uns nicht blamieren und als unkultivierte Zeitgenossen, bei denen Katzen auf dem Tisch tanzen, dastehen. Dieser Schmach wollen wir uns nicht aussetzen.

Wo auch immer sie in meiner Nähe liegt, sie observiert mich, sie studiert mein Verhalten, meine Bewegungen, testet den Tonfall meiner Stimme am Telefon, registriert sensibel, wie ich mit Besuchern rede, und wenn ich schon mal unwillig den Telefonhörer auf die Gabel knalle, dauert es nur wenige Sekunden und sie schnurrt mit einer Achterschleife um meine Beine; sie will damit sagen, was brauchst du Rundfunk und Fernsehen, du hast doch mich.

Ihr ist es völlig egal, daß ich durch diese Medien mein Geld verdiene und sie nur Geld kostet. Ich habe mich noch nicht der Mühe unterzogen und nachgerechnet, was uns Pussy schon gekostet hat, aber ich schätze, eine vierstellige Summe …

Das ist dann der Moment, wo ich sie mit Wonne aus dem Fenster werfen könnte, aber nein, wenn ich mich dazu durchgerungen habe, es wirklich auszuführen, springt sie auf meinen Schoß und schnurrt so laut, daß der Traktor unseres Nachbarn nicht dagegen ankommen würde.

Einmal habe ich sie bei ihrer sprichwörtlichen Feigheit in flagranti ertappt. Ein Nachbar klingelte und sagte aufgeregt, eine Maus sei in seinem Keller, Pussy solle die Familie erretten. Ich schnappe mir unseren Fettwanst unter den Arm und trage ihn in den Keller des Nachbarhauses. Die Maus klemmte im Scharnier der eisernen Kellertür, die zum Garten führt. Ich sah die Maus sofort, Pussy nicht. Ich stieß sie mit der Nase drauf, nichts. Pussy wurde es auf einmal langweilig, und sie hopste die Kellerstufen hoch in den Garten, und – es war zum Schreien – die Maus lief hinter ihr her. Es war ein Bild für die Götter. Seither – das hat sich natürlich sofort herumgesprochen – wird Pussy als dekadente Kreatur eingestuft. Das würde mich weniger kränken, aber die Nachbarn setzen seit dieser Katzenblamage meine Frau und mich mit ihr auf die gleiche Stufe.

Das schmerzt uns.

Es ist tröstlich, zu wissen, daß Pussy einmal sterben wird; ich fürchte allerdings, sie wird mich überleben und meiner Witwe mit ihrer Dickfälligkeit Sorgen bereiten; nie wieder wird es ihr dann vergönnt sein, ein Lamm zu braten, es sei denn, sie teilt es gleich mit Pussy.

Jetzt sitzt Pussy wieder einmal am Giebelfenster meines Arbeitszimmers und beobachtet vom sicheren Hort, was unten auf den Straßen und auf dem Bauernhof vor sich geht. Ich ignoriere ihre Laute, die sie ab und zu ausstößt, ich schreibe, ich bin endlich wieder Souverän an meinem eigenen Schreibtisch. Ach, wie wohl das tut; mir ist, als wäre die absolute Freiheit über mich hereingebrochen.

Wenn es in meinem Arbeitszimmer zu heiß wird, wenn über Wochen die Sonne auf das Dach knallt, muß ich im Dach die beiden Verluxfenster öffnen, damit der Durchzug etwas Kühlung bringt. Das Öffnen der Fenster ist nicht ohne Risiko, denn wenige Minuten nach Öffnen der Fenster klingelt schon das Telefon und eine Nachbarin ruft aufgeregt durch die Muschel: Euer Tiger ist auf dem Dach.

Dann beginnt ein Irrsinnsspiel: Ich muß Pussy locken, damit sie vom Dach runterkommt. In der Regel hilft mein Locken wenig, sie guckt mich nur verständnislos an und klettert zum First, auf dem sie sich häuslich niederläßt und über Gott und die Welt und über die beiden Menschen, die sie vor zehn Jahren adoptiert hat, zu philosophieren beginnt. Einmal mußte ich sogar die Feuerwehr zu Hilfe holen, die gottlob nur hundert Meter von unserem Haus entfernt ist. Die kam mit dem großen Feuerwehrauto und fuhr eine lange Leiter aus, und ein Feuerwehrmann brachte den sich heftig wehrenden Ausreißer auf den Boden der Tatsachen zurück. Das war ein Fest für alle Kinder in der Nachbarschaft, und während ich Pussy verfluchte, wurde sie von den Kindern wie ein Held gefeiert. Natürlich mußte ich mich gegenüber den

Feuerwehrleuten erkenntlich zeigen, die Rettungsaktion kostete mich einige Kasten Bier. O Gott, was uns diese Katze schon gekostet hat, mindestens eine dreiwöchige Ferienreise in die Karibik.

Einmal gerieten meine Frau und ich wirklich in Panik. Pussy war wie vom Erdboden verschwunden, obwohl wir genau wußten, daß sie im Haus war. Ich habe einen Weinkeller, nicht groß, aber er reicht mir. Meine Frau hat mir zu meinem sechzigsten Geburtstag einen französischen Weinkühlschrank geschenkt, der drei Kühlstufen hat, für Rotwein, für Weißwein und für Champagner, eine praktische und äußerst sympathische Erfindung.

Nun muß ich vorausschicken, daß Pussy die drei Kellerräume abgöttisch liebt; schon wenn sie hört, daß ich mich nach unten begebe, rast sie wie ein Kugelblitz hinter mir her.

Wo haben wir das Vieh schließlich nach zwei Stunden Suchens gefunden? Genau, im Weinkühlschrank, und das auch nur, weil wir im ganzen Haus alle Türen öffneten, blödsinnigerweise sogar die der Tiefkühltruhe.

Pussy sprang wie ein Geschoß aus dem Weinkühlschrank; ich erschrak, meine Frau schrie auf, denn wir dachten erst beide, es sei eine Ratte. Pussy hatte sich also unauffällig in den Weinkühlschrank begeben.

Als ich aufgeregt zu meiner Frau sagte, daß Pussy in ein paar Stunden hätte tot sein können, tröstete sie sich und mich, indem sie sagte: »Du gehst doch sowieso dauernd nachschauen, ob der Vorrat reicht!«

134

Elke Heidenreich
LIEBE KLARA

Sainte Luce,
10. September 1989

Liebe Klara,

so weit und so lange waren wir noch nie getrennt, und noch weiß ich nicht, ob Du mir fehlst. Es ist gar nicht schlecht, sich nachts im Bett in alle Richtungen strecken zu können – wenn Du auf der Decke liegst, kriege ich dafür stets ein so böses Knurren und ein so giftiges Fauchen, daß ich mich schon längst nicht mehr traue, bequem zu liegen. Es ist auch angenehm, beim Frühstück Zeitung lesen zu können – Du hast ja so eine Art, Dich immer gerade auf das Blatt zu legen, das ich lesen will, und daß nicht alles, was ich auf meinem Teller habe, mit dieser Mischung aus Neid und Mißfallen angeglotzt wird, das genieße ich auch.

Ich will damit nicht etwa sagen, daß ich froh wäre, Dich für eine Weile los zu sein, liebe Klara. Aber in letzter Zeit hast Du mich zunehmend an Mutter erinnert, und das ist nicht erfreulich, weißt Du. Als ich Dich damals nach ihr nannte: Klara – da habe ich mir nicht viel dabei gedacht. Deinen richtigen Namen hast Du mir ja leider nie verraten, als Du in mein Leben tratest – schon bejahrt, schon ziemlich dick, und nach Deinem Zahnstein und Deiner etwas langweiligen Art zu schließen, nach einem Leben mit Trockenfutter und Sofakissen. Fünf Tage lang saß ich vor Dir und sagte alle Katzennamen auf, die nur denkbar sind – Mizzi? Maunz? Pussi? Bella? – und Du hast mich stumm und streng angeschaut und gedacht: »An was für eine Wahnsinnige bin ich denn jetzt geraten.« Reagiert hast Du nur, als ich entnervt schrie: »Ja, heißest du denn vielleicht Rumpelstilzchen?« Da hattest Du auf einmal diese aufgerissenen Augen, wie Mutter, wenn ich als Kind mal in Zorn geriet, kühl: »Wir wollen es nun doch aber nicht übertreiben.«

So habe ich Dich Klara genannt, nach ihr.

Daß Du ihr nun immer ähnlicher wirst, ist eine Deiner Tücken. Ich meine nicht nur Deine Figur – weiß der Himmel, warum Du immer runder wirst! Ich stelle Dir Teller mit gesunder Kost in ausgetüftelten Mengen hin, aber in der Nähe muß eine Rentnerin wohnen, die Dir täglich Heilbutt in Butter dünstet – Du kommst ja oft genug satt und mit hochmütigem Gesicht nach Hause: »Woanders wird man noch geschätzt …«

Du hast Dir auch diese Art zugelegt, alles zu kritisieren, was ich mache. Öffne ich ein Fenster, mußt Du das Zimmer mit erhobenem Schwanz verlassen, weil es angeblich zieht. Hole ich den Staubsauger, fliehst Du aus dem Haus mit dem Satz: »Kann man denn nirgends etwas Ruhe haben?« Lege ich mich in die Badewanne, so hockst Du Dich auf den Rand, starrst angewidert ins Wasser und denkst: »So eine Afferei.«

Ich kann Dir nichts recht machen. Mutter tut heute noch so, als hätte ich ihr emanzipiertes Frauenleben zerstört durch meine bloße Existenz. Und Du tust so, als seist Du bei mir von verlorenen Paradiesen in eine Hölle gekommen, oder sagen wir: in unzumutbare Wildnis. Du verzeihst es mir nicht, daß ich einen Garten habe und daß Du Deine Würstchen jetzt da legen mußt und nicht mehr in eine Kiste mit weißem Sand, wie Du es wohl gewöhnt warst. Ich sehe Dich durch das nasse Gras staksen, zimperlich, die Pfoten hochziehend, damit es ja nicht pikt, und Du legst die Ohren an und wirfst mir vor, daß das Leben gefährlich für Dich geworden ist mit soviel Natur. Einmal habe ich gesehen, wie Du Dich glücklich in der Sonne gewälzt und den Vögeln nachgeschaut hast. »Na, Klara«, habe ich gesagt, »nun gefällt es dir ja doch.« Du hast Dich umgedreht und bist böse ins Haus gegangen. Auch Mutter haßte es, wenn man sie dabei ertappte, daß ihr doch einmal etwas Freude machte.

Es ist nicht einfach, mit Dir zu leben, liebe Klara. Warum zum Beispiel legst Du Dich nur dann quer über meinen Schreibtisch, wenn Du klatschnaß aus dem Regen kommst? Ich habe immer das Gefühl, daß Du damit Deine Mißachtung für meine Arbeit ausdrücken willst. Oder ist das Deine verkorkste Art, doch eine Art Zuneigung zu zeigen? Einmal bin ich in Tränen ausgebrochen, weil Du mir ein so wichtiges Manuskript ruiniert hast – da bist Du auf meinen Schoß gesprungen, hast mich gekratzt und gesagt: »Mein Gott, bist du empfindlich, so war es doch nicht gemeint.« Wie Mutter. Als ich ein Kind war, habe ich ihr manchmal

Briefchen, kleine Gedichte, Geschichten geschrieben. Sie sah sie an, nickte kurz, und dann ritschratsch weg damit – so machst Du es, wenn ich Dir ein Spielzeug mitbringe oder einen Wollball bastele: ein Blick, ein Tupfen mit der Pfote, und dann ein Hieb, daß das Ding in die hinterste Ecke fliegt, nie mehr beachtet wird: Schnickschnack. Brauchen wir nicht. Sentimentalitäten. Dummes Zeug.

Liebe Klara, und wie Du Dich aufgespielt hast, als Rosa zu uns kam! Rosa, die so still und bescheiden ist, die sich nie auf Deine Plätze legt, die nie von Deinem Teller frißt, die einen weiten Bogen um Dich macht und froh ist, daß sie bei uns wohnen kann – und Du? Du fauchst sie an, wenn sie heimkommt, Du legst Dich auf ihren Platz, Du vertreibst sie vom Sessel, wenn sie tief schläft, erschrickst sie zu Tode und hast Deinen Spaß daran. Du bist launisch, neidisch, unberechenbar. Man weiß nie, ob Du zu einer zärtlichen Geste oder zu einer gezielten Ohrfeige ausholst. Du bist kleinlich, leicht und ausdauernd beleidigt, und ich sehe Dich oft an, wie ich Mutter früher angesehen habe, wenn sie mich stundenlang nicht beachtete, und denke: »Ob sie mich überhaupt mag?«

Ich würde Rosa gern grüßen lassen, aber Du richtest es ja doch nicht aus. Rosa zu schreiben hat keinen Zweck, sie kann ja nicht lesen, sie zerträumt den Tag im Garten, während Du schon längst auf dem Briefkasten sitzt und nachschaust, wer geschrieben hat. Einmal habe ich Dich vor meinem Tagebuch sitzen sehen. Mutter hat auch immer in meinen Tagebüchern gelesen, und Du hast mich mit ihrem klaren kühlen Blick angeschaut, als ich ins Zimmer kam: »Du findest dich wohl sehr, sehr wichtig, was?«

Ich habe hier eine schmale graue Katze kennengelernt, die niemandem gehört. Ich nenne sie Lina und stelle ihr zu essen hin, aber anfassen darf ich sie nicht. Am Nachmittag liegen wir zusammen auf der Terrasse, ich im Liegestuhl und Lina auf den warmen Fliesen, und dann schauen wir aufs Meer hinaus, und ich erzähle von Dir.

Solche Katzen wie Dich kennt sie nicht – so selbstbewußt, so streng, so wichtig. Sie ist es nicht gewöhnt, daß der Tisch immer gedeckt ist. Hier sind die Winter hart, die Steinwürfe nach streunenden Katzen zahlreich, hier schleicht man sich rasch und lautlos an den Küchen vorbei. Du schleichst nie. Du bist als Königinmutter geboren, Du hast den Gang, der alle strammstehen läßt, Königin Klara die Erste, danach kommt lange nichts, dann ich – als Dienstmädchen.

Einmal, als ich wirklich krank war, bist Du Tag und Nacht nicht von meinem Bett gewichen. Ich träumte von früher, und daß Mutter mir einmal besorgt die Hand auf die heiße Stirn gelegt hat, aber als ich danach greifen wollte, zog sie sie zurück. Und Du, Klara, hast plötzlich mit Deiner rauhen Zunge meine Hand geleckt, und dabei hast Du geschnurrt. Ich habe fest die Augen zugekniffen und so getan, als merkte ich nichts. Du erträgst es ja nicht, daß man Dich bei Deiner Zuneigung erwischt. Das kenn' ich schon, Klara, damit kann ich leben.

Du, die Du mir die Liebste bist.

Ich bringe Dir ein sehr schönes geflochtenes Körbchen mit. Du wirst es verstimmt ansehen und Dich nur hineinlegen, wenn ich nicht da bin. Ich werde es merken an den schwarzweißen Haaren auf dem Kissen – unsere Rosa ist rot. Du wirst das Körbchen jedoch niemals auch nur beachten, wenn ich im Zimmer bin. Es ist gut so.

Liebe Klara, es geht mir gut. Die Sonne scheint, das Meer rauscht, ich esse exotische Früchte. Ab heute noch eine Woche, dann bin ich zurück.

Du fehlst mir so sehr.

Ernest Hemingway
KATZE IM REGEN

Im Hotel wohnten nur zwei Amerikaner. Von all den Leuten, die ihnen auf ihrem Weg in ihr Zimmer auf der Treppe begegneten, kannten sie niemanden. Ihr Zimmer war in der zweiten Etage mit dem Blick aufs Meer und auch auf die öffentlichen Anlagen und das Kriegerdenkmal. In den öffentlichen Anlagen gab es große Palmen und grüne Bänke. Bei gutem Wetter war da immer auch ein Maler mit seiner Staffelei. Maler mochten die Art, wie die Palmen wuchsen, und die leuchtenden Farben der Hotels, die den Garten und dem Meer gegenüberlagen. Italiener kamen von weit her, um an dem Kriegerdenkmal emporzusehen. Es war aus Bronze und glänzte im Regen. Es regnete. Der Regen tropfte von den Palmen.

Wasser stand in Pfützen auf den Kieswegen. Das Meer durchbrach in einer langen Linie den Regen, glitt über den Strand zurück und kam herauf, um sich wieder in einer langen Linie im Regen zu brechen.

Die Autos waren von dem Platz beim Kriegerdenkmal verschwunden. Auf der Schwelle eines gegenüberliegenden Cafés stand ein Kellner und blickte über den leeren Platz. Die junge Amerikanerin stand am Fenster und sah hinaus. Grad unter ihrem Fenster hockte eine Katze unter einem der von Regen trie-

142　KATZE IM REGEN

fenden Tische. Die Katze suchte, sich so zusammenzuballen, daß es nicht auf sie tropfen konnte.

»Ich geh runter und hole das Kätzchen«, sagte die junge Amerikanerin.

»Ich werd's machen«, erbot sich der Mann vom Bett her.

»Nein, ich hol's. Das arme Kätzchen da draußen; was es sich anstrengt, um unter dem Tisch trocken zu bleiben.«

Ihr Mann las weiter; er lag am Fußende des Bettes auf die zwei Kopfkissen gestützt.

»Werd nicht naß«, sagte er.

Seine Frau ging hinunter, und der Hotelbesitzer stand auf und verbeugte sich, als sie am Büro vorbeikam. Sein Pult stand ganz hinten im Büro.

Er war ein alter und sehr großer Mann.

»*Il piove*«, sagte die Frau. Sie mochte den Hotelbesitzer.

»*Si, si, Signora, brutto tempo*. Es ist sehr schlechtes Wetter.«

Er stand hinter seinem Pult in der Tiefe des dämmrigen Zimmers. Die Frau mochte ihn.

Sie mochte die todernste Art, mit der er alle Beschwerden entgegennahm.

Sie mochte seine Würde. Sie mochte die Art, wie er ihr gegenüber immer dienstbereit war. Sie mochte, wie er sich als Hotelbesitzer fühlte. Sie mochte sein altes, schweres Gesicht und seine großen Hände.

Sie mochte ihn, machte die Tür auf und sah hinaus. Es regnete stärker. Ein Mann in einem Gummicape überquerte den leeren

Platz zum Café. Rechts um die Ecke mußte die Katze sein. Vielleicht konnte sie unter der Dachtraufe trocken bis dorthin gelangen. Während sie auf der Schwelle stand, öffnete sich hinter ihr ein Regenschirm. Es war das Mädchen, das ihr Zimmer aufräumte.

»Sie sollen nicht naß werden«, sagte sie lächelnd auf italienisch. Natürlich hatte sie der Hotelbesitzer geschickt.

Das Mädchen hielt den Schirm über sie, während sie auf dem Kiesweg unter ihr Fenster ging.

Der Tisch stand da, vom Regen hellgrün gewaschen, aber die Katze war fort. Sie war plötzlich enttäuscht. Das Mädchen sah fragend zu ihr auf.

»*Ha perduto qualque cosa, Signora?*«

»Da war eine Katze«, sagte die junge Amerikanerin.

»Eine Katze?«

»*Si, il gatto.*«

»Eine Katze?« lachte das Mädchen. »Eine Katze im Regen?«

»Ja«, sagte sie, »unterm Tisch«, und dann: »Ach, ich wollte sie so gern haben. Ich wollte so gern ein Kätzchen haben.«

Als sie englisch sprach, nahm das Gesicht des Zimmermädchens einen verschlossenen Ausdruck an.

»Kommen Sie, Signora«, sagte sie, »wir müssen wieder hinein, Sie werden sonst naß.«

»Vermutlich«, sagte die junge Amerikanerin.

Sie gingen den Kiesweg zurück und überschritten die Schwelle. Das Mädchen blieb draußen, um den Schirm zuzumachen. Als die junge Amerikanerin an dem Büro vorbeiging, verbeugte sich der Padrone hinter seinem Pult.

Sie fühlte sich innerlich sehr klein und wie zugeschnürt. Beim Anblick des Padrone fühlte sie sich sehr klein und gleichzeitig wirklich wichtig. Einen Augenblick hatte sie ein Gefühl von höchster Wichtigkeit. Sie ging weiter, die Treppe hinauf. Sie öffnete die Zimmertür. George lag lesend auf dem Bett.

»Hast du die Katze?« fragte er und legte das Buch hin.

»Sie war weg.«

»Wo sie wohl hin sein mag?« sagte er, während er seine Augen vom Lesen ausruhte.

Sie setzte sich aufs Bett.

»Ich wollte sie so furchtbar gern haben«, sagte sie. »Ich weiß eigentlich gar nicht, warum ich sie so gern haben wollte. Ich wollte das arme Kätzchen haben. Es ist kein Spaß, ein armes Kätzchen draußen im Regen zu sein.«

George las wieder.

Sie ging hinüber, setzte sich vor den Spiegel des Toilettentisches und besah sich in ihrem Handspiegel. Sie besah sich prüfend ihr Profil, erst eine Seite, dann die andere. Dann betrachtete sie ihren Hinterkopf und ihren Nacken.

»Was meinst du, wäre es nicht eine gute Idee, wenn ich meine Haare wachsen ließe?« fragte sie und besah sich nochmals ihr Profil.

George blickte auf und sah ihren Nacken, der wie bei einem Jungen ausrasiert war.

»Ich mag es so, wie es ist.«

»Ach, ich hab's so über«, sagte sie. »Ich hab's so über, wie ein Junge auszusehen.«

George veränderte seine Lage auf dem Bett. Er hatte, seitdem sie redete, nicht von ihr weggesehen.

»Du siehst ganz verteufelt hübsch aus«, sagte er.

Sie legte den Spiegel auf den Toilettentisch, ging zum Fenster hinüber und sah hinaus. Es wurde dunkel.

»Ich möchte meine Haare ganz straff und glatt nach hinten ziehen und hinten einen schweren Knoten machen, den ich wirklich fühlen kann«, sagte sie. »Und ich möchte ein Kätzchen haben, das auf meinem Schoß sitzt und schnurrt, wenn ich es streichle.«

»Wahrhaftig?« sagte George vom Bett her.

»Und ich will an meinem eigenen Tisch mit meinem eigenen Besteck essen, und ich will Kerzen. Und ich will, daß es Frühling ist, und ich will mein Haar vor dem Spiegel richtig bürsten können, und ich will ein Kätzchen haben, und ich will ein paar neue Kleider haben.«

»Nun hör schon auf, und nimm dir was zu lesen«, sagte George. Er las wieder.

Seine Frau sah aus dem Fenster. Draußen war es jetzt ganz dunkel, und es regnete immer noch in den Palmen.

»Auf jeden Fall will ich eine Katze haben«, sagte sie. »Ich will eine Katze haben. Ich will sofort eine Katze haben. Wenn ich keine langen Haare oder sonst ein bißchen Spaß haben kann, eine Katze kann ich haben.«

George hörte nicht zu. Er las ein Buch. Seine Frau sah aus dem Fenster auf den Platz, wo die Laternen jetzt angezündet waren.

Jemand klopfte an die Tür.

»*Avanti*«, sagte George. Er sah von seinem Buch auf.

In der Tür stand das Zimmermädchen. Sie hielt eine große, schildpattfarbene Katze eng an sich gepreßt, die an ihrem Körper herunterhing.

»Verzeihung«, sagte sie. »Der Padrone sagte, ich soll dies der Signora bringen.«

148

Uwe Johnson

EINE KATZE KENNT KEINE SEKUNDEN

Nach dem Mittagessen fand Jonas die Katze wieder auf seinem Stuhl. So schmal und anmutig kam ihr Hals hoch aus dem breiten starken Sitz, riß sie plötzlich ein leises Geräusch vor dem Fenster ruckweise in Augen und Ohren, daß Jonas bedauerte, nicht von einem »Widerrist« sprechen zu können bei ihr. Er stand über den Stuhl gestützt und fragte sie, ob sie da bleiben wolle. Sie gähnte und begann sich zu waschen, höchst gelenkig mit den weißen Vorderpfoten über Hals und Ohr. Er räumte sein Papier von dem anderen Stuhl und setzte sich gegenüber an den Tisch und drehte die Maschine um. Er hatte gefürchtet, das scharfe Klappern der Hebel auf der Walze werde sie verstimmen, aber sie lag dann still, Kopf über Vorderpfoten, und spann und bewegte den Kopf wie in müßigen, aber weitgreifenden Gedanken manchmal von einer Seite zur anderen. Dachte an vieles. Plötzlich sprang sie hinunter und stelzte an den Wänden entlang, bis sie die Fußmatte fand, auf der sie sich dehnen und strecken mochte, federnd in allen Gelenken verankert, in fest eingesetzten Krallen. Jonas hatte die Hände still auf den Tasten und sah ihr zu. Sie wandte ihren Kopf seitlich. Er erhob sich sofort und öffnete das Fenster. Sie stieg hindurch. Er hatte es richtig erraten: Er hatte sie verstanden. Steifbeinig und leicht mürrisch schritt sie durch den nassen Garten in den Nebel hinein.

Abends saß Cresspahl bei ihm. Er hatte sich die fertigen Seiten ausgebeten und fragte nun nach der genauen Bedeutung einiger Worte. Sie hatten kein Licht. In einer Pause des Gesprächs hörte Jonas sie kommen. Deutlich den Niedergang, leise aber auch das Aufsetzen von Pforten. Er war sehr zufrieden. Er kannte sie schon ein bißchen.

Als Cresspahl schlafen ging, blieb er stehen vor dem Stuhl und hielt seine gekrümmte Innenhand vor ihrem Kopf. Sie streckte sich im ganzen Leibe und hob starr vor Mutwillen eine Pfote über seine Handhöhlung und schlug sie zärtlich ein in das harte Hautleder. Weiter begrüßten sie sich nicht. Als Jonas von der Tür zurückkam, lag sie wachsam und gleichmütig auf ihren Beinen, als sei nichts gewesen.

Er schirmte die Tischlampe mit einem Doppelbogen ab gegen sie, damit sie nicht geblendet wurde. Schaltete an und begann vom anderen Stuhl aus zu schreiben neben ihr. Nachdem sie sich überall gewaschen hatte, richtete sie sich auf und beobachtete ihn aus engen glimmenden Augen reglos. Sie hatte dreiundzwanzig Barthaare. *Und das schreiben Sie so zu Ihrem Spaß? sagte sie. Irgendwie leben muß einer, jedermann ist der Beste, schto lutsche tschewo. Hätten Sie nicht vielleicht ein bißchen Milch …? … sehen Sie mal wie mein Bart zittert.*

Sie lag auf der Seite neben ihren ausgestreckten Beinen, als ich zu Bett gehen wollte. Ich kauerte neben dem Stuhl. Unsere Köpfe waren in gleicher

Höhe. Sie wölbte ihren Hals empor aus der Lage und setzte fest mit spür-
baren Krallen eine Pfote auf mein Handgelenk. Meine Hand stieß unter
ihrer Schulter auf ihren starken harten Hals und verschob ihre Haut zum
Kinn hin. Bis sie in einem einzigen Zucken auf den Rücken glitt und den
Kopf hinter sich warf über die Stuhlkante und sich krümmte und wälzte
gegen meine Hand, ohne die Gegenwehr vollends aufzugeben. Unver-
sehens kam sie zu sich, sehr kühl und wach und stemmte mich fort mit
ihrem ungebärdigen Sprunggelenk und rollte sich ein zum Burgwall und
schlief unverzüglich davon. Ich war betrübt. Ich hätte es früher: rechtzei-
tig bemerken sollen. Eine Sekunde lang war ich ihr lästig gefallen. Eine
Katze kennt keine Sekunden.

Am anderen Morgen (das war Dienstag) betraf Cresspahl ihn im
Schlafanzug auf den Dielen hockend und mit der Katze beschäftigt. Sie stelzte krummen Rückens um ihn herum und warf sich
heftig schmiegsam gegen seine Beine im Vorübergehen. Seinen
Händen wich sie aus. Schritt in großen Bögen und Querzügen davon und kam zurück, streifte ihn aber durchaus angelegentlich
abermals. Er fragte Cresspahl, was hiervon zu halten sei. »De
mach di« sagte der, er wiederholte es sogar, während er ihr zusah.
Jonas dachte: Es werde eher die morgendliche Schläfrigkeit und
die Wiederbelebung der Muskeln sein, oder sie möge Gefallen an
dem rauhen Stoff des Schlafanzuges gefunden haben. Dennoch
wartete er, bis sie von ihm abließ.

Nach dem Frühstück kam sie aus dem Garten zurück. Er war
eben aufgestanden und schabte selbstvergessen an seinem Hinterkopf, weil er in dem Absatz über Materialität und Subjektivität

des Bewußtseins steckengeblieben war. Sie saß noch gar nicht, als er sie schon über seinen Kopf hob und sie bei aller Eile behutsam auf das Fensterbrett gleiten ließ und anfing zu schreiben wie ein Wilder. Dann erschrocken suchte er sie überall in den entlegenen Winkeln des Zimmers. Sie saß sehr zufrieden an dem Fensterglas und ermunterte sich mit kleinen Bissen in ihren eigenen Hals. Ich finde ja auch: dachte Jonas. Ich betrachte den Stuhl immerhin als mir zur Verfügung gestellt. Warum nimmt sie nicht den anderen. Wir müssen uns einrichten. (Auf dem einen Binsensitz lag ein Polster.) Als sie eine Weile gewartet hatte, stand er auf und hob sie zurück und schob die Maschine auf die andere Tischseite und schrieb da weiter bis spät in den Nachmittag. Als er aufsah, fing es an zu dämmern, und weil Cresspahl auswärts war, nahm er sie mit nach draußen, als er in die Stadt hing.

[…]

Den ganzen Abend über war die Katze unterwegs. Er konnte sich nicht denken, womit sie sich wohl beschäftigte. Die Mäusejagd war ein menschlicher Gesichtspunkt der Nützlichkeit; sie war ja nun keine Hausangestellte. Sie mochte zwei Jahre alt sein. Cresspahl sagte, die Mutter lebe auch hier (die der Notar hatte hertragen müssen mit schönen Grüßen von Brüshaver, der tot war), sie sei aber mit zunehmendem Alter sehr scheu geworden. *Mein Vater ist geachtet in der Welt und angesehen, die Katzen laufen ihm nach.* Die hatte er noch nicht gesehen in ihrem vornehmen Mißtrauen. Die Junge bewohnte das Zimmer mit ihm, er wollte nicht gerade sagen, er sei ihr Gast. Cresspahl war noch nicht nach Hause gekommen.

Gegen Mitternacht, als er die Schlaflosigkeit vor sich anerkannte und die Lampe wieder einschaltete zum Lesen, kauerte sie sehr wild geduckt und wach mit gesträubten Barthaaren (er sah nur ihren Kopf) unter der Schreibmaschine. Er fühlte sich so ruhig, daß es ihn befremdete. Er wunderte sich, daß er niemandem geschrieben hatte und auch nicht Briefe vorbedachte. Ihm fiel ein, daß er Jakob nichts zu schreiben wußte. Er hätte ihn gern da sitzen sehen, und er stellte sich vor, Jakob werde schweigend dasitzen und unaufhörlich warten wie er selbst.

154

Erich Kästner

MEINE KATZEN

D a sitz ich nun, mit gespitztem Bleistift und blüten-
weißem Papier ausgerüstet, am Tisch in der frischge-
mähten Wiese hinterm Haus und will über Katzen
schreiben. Nicht über die Götterkatzen und Katzen-
götter der Pharaonen. Nicht über die halbverwilderten und halb-
verhungerten Katzen in den Winkeln Venedigs oder über die im
Reiseführer als römische Sehenswürdigkeit vermerkten Katzen
des Pantheons. Nicht über Pickles, die diensttuende Katze im
Tower zu London. Nicht über den Kater namens Tiger, der nachts
die Rotationsmaschinen der »Times« beaufsichtigt. Nicht einmal
über die schwarze Katze des Savoy Hotels, die, mit einer Servie-
te um den Hals, auf einem Stuhl neben Jimmy Edwards sitzen
muß, falls er sonst bei Tisch der dreizehnte wäre.

Ich will nur über die vier Katzen schreiben, die seit Jahren bei uns
mit uns leben. Denn nur über sie weiß ich ein wenig Bescheid.
Ein klein wenig Bescheid. Ich bin ja kein Tierpsychologe, kein
Verhaltensforscher und kein Veterinärarzt, sondern ein simpler
»Katzenhalter«. Das Wort stammt nicht von mir, sondern aus
Druckerzeugnissen sonst untadeliger Tierschutzvereine. Nun gibt
es also außer Federhaltern und Büstenhaltern auch Katzenhalter,
und ein solcher bin ich, ob mir das Wort gefällt oder nicht.

Während ich die ersten Sätze auf dem Papier überfliege, spür ich plötzlich, daß ich nicht mehr allein bin. Die vier Katzen, die zu halten und über die zu schreiben ich die Ehre und das Vergnügen habe, sind aufgetaucht. Sie kommen, wenn wir schreiben, überhaupt gern in unsere Nähe. Das Thema ist ihnen gleichgültig. Daß sie diesmal selber an der Reihe sind, interessiert sie nicht weiter. Es geht ihnen ums Prinzipielle. Es tut ihnen wohl, wenn andere Leute arbeiten. Dann genießen sie ihr eigenes Nichtstun doppelt und dreifach. Vielleicht ist auch Mitleid im Spiele. Vielleicht denken sie: »Da rackert er sich nun ab, damit er für uns frisches Schabefleisch kaufen kann!«

Wie dem auch sein mag – die vier sind lautlos und »ganz zufällig« eingetroffen. Lollo, persisch-blau mit goldenen Augen, eine Prinzessin im Pelz, hockt auf dem vierten Betonpfosten des Lattenzauns zur Linken und starrt angelegentlich ins Gemüsebeet. Sie bezeugt ihre Aufmerksamkeit, indem sie von mir wegschaut. Das ist so ihre Art. Sie hat einen ausgeprägten Sinn fürs Kapriziöse. Es wäre aber auch möglich, daß sie mich nicht von der Arbeit ablenken will. Denn sie hat ein Stiefmütterchengesicht, vor dem man rettungslos dahinschmilzt, und sie weiß es. Vielleicht will sie also nur verhüten, daß mich mein Schönheitssinn überwältigt. Gesenkten Kopfes mustert sie die Möhren und den Sellerie. Schreiben soll ich, nicht bewundern.

Anna, die Jüngste und Kleinste, schwarz und weiß, mit rosafarbener Nasenspitze, hat wohl im Schatten der Fliederbüsche oder unter der Blautanne geschlafen. Jetzt sitzt sie, hast du nicht gesehen, am Bach und zählt die Forellen. Obwohl sie längst weiß, daß es nur zwei sind. Oder sie forscht nach der winzigen Ringelnatter, die sie gestern, stolz und unter spitzen Triumphschreien, apportierte. Es sah aus, als hielte sie zwei bis drei Paar schwarzer Schnürsenkel zwischen den Zähnen, und die Nase glühte vor Eifer kirschenrot. Da sich die winzige Schlange totstellte, ließ Annas Interesse sehr bald nach. Was sich nicht bewegt, interessiert Katzen nicht. (Wenn das die Mäuse wüßten!) Ich trug die Ringelnatter, die das Abenteuer heil überstanden hatte, zum Wasser zurück, und schon schlängelte sie sich davon.

»Anna!« ruf ich im Flüsterton. Sie blickt flüchtig herüber, wendet sich wieder ab und manikürt die linke Vorderpfote. Es sieht aus, als lache sie sich leise ins Fäustchen. Daß sie Lollos Tochter ist, glaubt nur, wer es weiß. Viel eher ähnelt sie nach Aussehen und Temperament dem Papa, einem durchaus unpersischen bunten Kater aus der Umgebung, den wir den »Pennäler« nannten und der sich nach der hitzigen Wiesenhochzeit mit Lollo nie wieder sehen ließ. Anna hat wie er kurze gekrümmte Fußballerbeine, klettert gern auf Bäume, beherrscht die viel schwierigere Kunst des Herunterkletterns meisterhaft, hält das Hausdach für ein an schönen Abenden erstrebenswertes Ausfluglokal, wird oft, aus Versehen, in Schränken eingeschlossen und hat auch sonst nichts Orientalisches oder gar Fürstliches an sich. Bis auf die Augen! Die geheimnisvoll goldenen Augen hat sie von der Mutter. Sie schauen aus dem schwarzweißroten lustigen Gesicht heraus, als säße in unserer Anna eine zweite, eine fremde und ganz andere Katze drinnen. »Anna!« ruf ich noch einmal. Doch jetzt treibt sie Gymnastik, steckt ein Hinterbein kunstvoll hinter den Kopf, wäscht sich das weiße Frackhemd und hat keine Sprechstunde.

»… und hat keine Sprechstunde«, schreib ich eben, da streicht unterm Tisch eine große Katze an meinen Beinen entlang. Man könnte noch besser sagen, sie streichle sich entlang. Bevor sie weiterwandert, wartet sie gurrend, daß ich ihr einen zärtlichen Klaps gebe. Das gehört zum Zeremoniell. Sie kriegt ihren Klaps. Dann kommt sie unterm Tisch hervor und schlendert, angoraschwarz mit grünen Augen, in den noch ungemähten Teil der Wiese, wo sich, hinter hohen Halmen, Hahnenfuß und rotem Klee, ein von ihr geschätztes schattiges Grasbett befindet. Eine Höhle mit dem blauen Himmel als fernem Dach. Ein luftiges Ruhelager für die Siesta einer älteren Dame. Die Schwarze heißt Pola und lebt mit uns schon so lange zusammen, daß wir uns scheuen, ihr die Jahre nachzurechnen, die sie hinter sich und, der Wahrscheinlichkeit nach, noch vor sich hat. Wenn sie die Stiege im Haus herunterkommt, klingt es mitunter, als habe sie ein Holzbein. Wenn sie, im Luftsprung, Kohlweißlinge erlegt, wenn sie Mäuse abliefert oder gar, wenn sie sich, abends im Wohnzimmer, scheinbar längst vergessener Spiele aus ihrer Kinderzeit erinnert und sie uns und den drei jüngeren und staunendcn Katzen vorspielt, dann ist sie nicht die älteste, sondern die jüngste der vier. Ihre Autorität wird trotzdem von den drei anderen nicht eine Sekunde angezweifelt. Anciennität und Rang sind in dem Quartett ein und dasselbe. Wer, gleichzeitig mit ihr, in die Küche einbiegt und fressen will, weiß, daß er vor den vier Teller zu warten hat, bis sich Pola zu einem der Gerichte entschließt, »Mahlzeit!« sagt und zu fressen beginnt. Am leichtesten fällt den dreien der eingeborene Gehorsam, wenn auf einem der Teller grüne Bohnen serviert sind, Haricots verts, etwas für Feinschmecker. Grüne Bohnen sind ausschließlich Polas Spezialität.

Die einzige Katze, die, selten genug und auch darin nur für Augenblicke, Tradition und Respekt vergißt, ist unser einziger Kater. Er wiegt fünfzehn Pfund, trägt wie Lollo einen blaugrauen Pelz, heißt Butschi und ist Polas Sohn! Sein Vater war ein berühmter Perser, lebte in einem Zwinger am Starnberger See, empfing viel Damenbesuch und wurde eines Tages gekidnappt. Seitdem hat man nichts mehr von ihm gehört. Butschi seinerseits fiel einmal, als er noch ein sehr kleiner Junge war und niemand es sah, von unserem Schwabinger Balkon, verkroch sich unauffindbar unter einem Schuppen, litt ohne Laut und wurde von uns erst nach zwei Tagen und Nächten eifrigsten Suchens entdeckt. Da brüllte er vor Schmerzen wie ein Löwe. Er wurde wieder gesund. Er wuchs und wurde ein Riese. Aber ein Riese mit menschlichen Zügen, mit Anfällen von Zweifel an der ihm verliehenen Kraft und Größe. Nur manchmal besinnt er sich, fast abrupt, auf das Thema »Geschlecht und Charakter«, verteilt Ohrfeigen, faucht sogar Pola, seine Mutter, an und rebelliert gegen das Matriarchat. Butschis Putschversuche währen nicht lange. Die verwunderten Blicke, mit denen ihn die drei Katzen betrachten, irritieren und ernüchtern ihn. Manchmal läuft seine Mutter vor ihm davon und verkriecht sich. Ihre Angst ist die pure Ironie. Das spürt er. Und dann fügt er sich wieder in sein Schicksal. Und wird der sanfte Riese, der er ist.

Eben hat er sich vom kühlen feuchten Gurkenbeet hochgeräkelt, passiert den schmalen Trampelpfad zwischen den hohen Büschen aus Esche und Faulbaum und bleibt vorm Tische sitzen. Er schaut mich an und wartet auf ein Wort. Er wartet aufs Stichwort. »Na, mein Dicker!« sag ich, und schon sitzt er auf dem Tisch zwischen den Papieren, miaut und schnippt den Bleistift von der Tischplatte. Seine stille Leidenschaft für Schriftstellerei geht weit über das auch von den anderen Katzen bezeugte Interesse hinaus. Deswegen nennen wir ihn auch »Sekretär«, manchmal sogar »Generalsekretär«, und er hört darauf wie auf seinen Rufnamen. Ich streichle ihn, während ich den Bleistift aufhebe. Und er stößt den Kopf in meine Handfläche. Er »gibt Köpfchen«, wie das neulich jemand genannt hat. Danach springt er vom Tisch und jagt Anna, über die Bachplanke hinweg, im Zickzack, Kapriolen schlagend und sich mit ihr überkugelnd, ins Haus. Zum zweiten Frühstück. Ich betrachte mein Manuskript. Die erste Seite hat Schaden genommen. Butschi, der Sekretär mit den gelben Augen und dem menschlichen Blick, hat Fingerabdrücke hinterlassen. Das Wort »Katzenhalter« ist kaum noch lesbar.

Wenn mich neugierige Leute so ganz obenhin fragen, warum ich Katzen gern hätte, pflege ich zu antworten: »Weil sie nicht bellen!« Dann lächeln die neugierigen Leute mühsam, süßsauer und wechseln, wie die Erfahrung gezeigt hat, das Thema. Sie vermuten, ich wolle mit ihnen eher und lieber über abstrakte Kunst oder elektrische Rasierapparate reden als über Katzen. Damit haben sie recht. Oder sie halten meine Bemerkung für einen unfreiwillig schlechten Witz. Und damit haben sie unrecht.

Der Hund ist selbstverständlich ein ebenso liebenswertes Geschöpf wie die Katze. Wenn ich aber, statt mit vier Katzen, mit vier Hunden zusammenleben sollte, gäbe ich, spätestens am dritten Tage, dem Hund vom Dienst das für mehrere Monate nötige Verpflegungsgeld und zöge spornstreichs ins Hotel. Die Welt ist ohnehin so laut, zu hastig, und immerzu außer Atem. Sie dröhnt wie eine Maschinenhalle. Sie hämmert auf unser Trommelfell, als nahe das Jüngste Gericht wie ein Zirkus mit tausend Kapellen. Wo sonst, wenn nicht zu Hause, sollte man aufatmen und Atem holen? Wo sonst könnte man »mit der Seele baumeln«, wie Tucholsky das genannt hat? Es gibt freilich heute schon Hunde, die nur noch bellen, wenn man vorher ein schriftliches Gesuch eingereicht hat. Und nächstens wird man Hunde züchten, die nicht nur, was es ja bereits gibt, wie Schafe aussehen, sondern auch »Mäh« und »Bäh« sagen. Das wären keine Hunde mehr, sondern Nürnberger Spielzeug, das sich von selber aufzieht. Es gehört zum Hund, daß er den Herrn, der von der Reise heimkommt, mit Freudengebell empfängt, ihn umtanzt, anspringt und, wenn möglich, umwirft. Nun, wenn ich mit dem Koffer ins Haus trete, kommen die Katzen treppab, schauen mich kurz an und gehen mir, mindestens zehn Minuten lang, ostentativ aus dem Wege. Da ist kein »Herr« heimgekehrt, dem man die Hand küßt, sondern der Freund, der sie gekränkt hat. Das muß man ihm heimzahlen. Da muß man die Wiedersehensfreude verbergen, wenn auch nur für zehn Minuten. Dann erst kommt man en passant zurück, hilft beim Kofferauspacken und blickt dem geliebten Halunken ins Gesicht. Ernst und fragend. Und schweigsam. Den rabiaten Jubel und den Derwischtanz der Hunde versteh ich so gut wie die stummen Vorwürfe der Katzen. Doch diese Vorwürfe und das Wiedersehensglück, das noch nach Schmerz schmeckt, und den gekränkten Stolz, der seine Zeit braucht, eh er in der Freude dahinschmilzt, das alles kann ich besser nachfühlen. Mein Verstand könnte schwanken. Meinem Gefühl bleibt keine Wahl. Sympathie ist Wahlverwandtschaft.

Alle beide, der Hund und die Katze, sind reich an Tugenden und Talenten, doch der Hund hat ein Talent zuviel: Er läßt sich dressieren. Und er hat eine Tugend zu wenig: Er ist ein Tier ohne Geheimnisse. Manchmal glaub ich fast, am liebsten wäre er ein vierbeiniger Mensch, uns möglichst ähnlich, nur schneller. Die Katze springt nicht durch Reifen und denkt nicht im Traume daran, uns zu Gefallen auf den Hinterbeinen herumzustelzen. Dergleichen ginge gegen ihre Würde, gegen ihren guten Geschmack und gegen ihre schönste Passion, den Freiheitsdrang. Zwang macht sie rasend. Zwang macht sie krank.

Manche Leute folgern aus der Undressierbarkeit der Katze, daß sie weniger intelligent sei als der Hund. Damit geben sie eine Kostprobe von ihrer eigenen Intelligenz. Sie schlafen mit offenen Augen, und wir wollen sie nicht wecken.

Die Katze ist ein geheimnisvolles Tier. Nur für uns? Oder ist sie sich zuweilen selbst ein Rätsel? Der englische Schriftsteller T. S. Eliot, ein Nobelpreisträger und Katzenhalter, hat sich ernsthaft, und das heißt humorvoll, mit dieser Frage beschäftigt. In dem Gedichtband »Old Possum' Book of Practical Cats«, der in der Bibliothek Suhrkamp deutsch erschienen ist. Eines der Gedichte hab ich übersetzt. Eliot sinnt darüber nach, worüber wohl die Katzen nachsinnen, wenn sie »in profound meditation« vor sich hinstarren. Das Gedicht gehört, find ich, hierher:

WIE HEISSEN DIE KATZEN

Wie heißen die Katzen? gehört zu den kniffligsten Fragen
Und nicht in die Rätselecke für jumperstrickende Damen.
Ich darf Ihnen, ganz im Vertrauen, sagen:
Eine jede Katze hat drei verschiedene Namen.
Zunächst den Namen für Hausgebrauch und Familie,
Wie Paul oder Moritz (in ungefähr diesem Rahmen),
Oder Max oder Peter oder auch Petersilie –
Kurz, lauter vernünft'ge, alltägliche Namen.
Oder, hübscher noch, Murr oder Fangemaus
Oder auch, nach den Mustern aus klassischen Dramen:
Iphigenie, Orest oder Menelaus –
Also immer noch ziemlich vernünft'ge, alltägliche Namen.
Doch nun zu dem nächsten Namen, dem zweiten:
Den muß man besonders und anders entwickeln.

Sonst könnten die Katzen nicht königlich schreiten,
Noch gar mit erhobenem Schwanz perpendikeln.
Zu solchen Namen zählt beispielsweise
Schnurroaster, Tatzitus, Katzastrophal,
Kralline, Nick Kater und Kratzeleise –
Und jeden der Namen gibt's nur einmal.
Doch schließlich hat jede noch einen dritten!
Ihn kennt nur die Katze *und gibt ihn nicht preis.*
Da nützt kein Scharfsinn, da hilft kein Bitten.
Sie bleibt die einzige, die ihn weiß.
Sooft sie versunken, versonnen und
Verträumt vor sich hinstarrt, ihr Herren und Damen,
Hat's immer und immer den gleichen Grund:
Dann denkt sie und denkt sie an diesen Namen –
Den unaussprechlichen, unausgesprochenen,
Den ausgesprochenen unaussprechlichen,
Geheimnisvoll dritten Namen.

AUS DORIS LESSINGS
KATZENBUCH

S päter zog ich in ein Haus in einem Katzenrevier. Die Häuser sind alt, und sie haben schmale Gärten mit Mauern. Durch das Hinterfenster sieht man ein Dutzend Mauern jeder Größe und Höhe nach der einen Seite und ein Dutzend Mauern, Bäume, Gras, Sträucher nach der anderen Seite. Es gibt ein kleines Theater mit stufenförmigen Dächern. Katzen gedeihen hier. Es gibt immer Katzen auf den Mauern, Dächern und in den Gärten, die ein vielfältiges, heimnisvolles Leben führen, ähnlich dem von Kindern, das nach unvorstellbaren geheimen Regeln verläuft, die Erwachsene nie erraten.

Ich wußte, es würde eine Katze ins Haus kommen. So wie man einfach weiß, wenn ein Haus zu geräumig ist, werden sich Leute finden, die darin wohnen, ebenso sicher müssen in Häusern Katzen sein. Aber eine Zeitlang wies ich die verschiedenen Katzen ab, die kamen und herumschnüffelten, um zu sehen, was das für ein Haus war.

Den ganzen schrecklichen Winter von 1962 wurden der Garten und das Dach über der rückseitigen Veranda von einem alten schwarzweißen Kater besucht. Er saß im nassen Schnee auf dem Dach; er schlich über den gefrorenen Boden; wenn die Hintertür kurz geöffnet wurde, saß er genau davor und schaute in die Wärme. Er war richtig häßlich, mit einem weißen Fleck über dem einen Auge, einem zerfetzten Ohr und dem leicht geöffneten, sabbernden Maul. Aber er war kein Streuner. Er hatte ein gutes Zuhause in einem der Nachbarhäuser, und warum er nicht dort blieb, schien niemand zu wissen.

Dieser Winter war außerdem ein Anschauungsunterricht für den außerordentlichen und freiwillig praktizierten Langmut der Engländer.

Die Häuser in dieser Gegend gehören größtenteils dem London County Council, und in der ersten Woche des Kälteeinbruchs platzten die eingefrorenen Leitungen, und die Leute hatten kein Wasser. Das Leitungsnetz blieb zugefroren. Die Behörden öffneten eine Hauptleitung an der Straßenecke, und wochenlang machten die Frauen mit Krügen und Kannen in ihren Hausschuhen den Weg durch knöcheltiefen Schneematsch, um Wasser zu holen. Die Hausschuhe trugen sie, um sich zu wärmen. Der Matsch und das Eis wurden nicht vom Bürgersteig entfernt. Sie holten das Wasser aus einer Leitung, die mehrmals kaputtging, und sie sagten, es habe an heißem Wasser nur gegeben, was sie selbst auf dem Herd eine Woche lang, zwei Wochen lang, schließlich drei, vier und fünf Wochen lang heißgemacht hätten. Natürlich gab es kein heißes Wasser für ein Bad. Auf die Frage, weshalb sie sich nicht beschwerten – schließlich zahlten sie Miete, zahlten für warmes und kaltes Wasser –, antworteten sie, im County Council wisse man über die geplatzte Leitung Bescheid, unternehme jedoch nichts. Man habe erklärt, es herrsche eine Kältewelle; dieser Feststellung stimmten

AUS DORIS LESSINGS KATZENBUCH **167**

sie zu. Ihr Ton war anklagend, aber insgeheim waren sie zufrieden, wie es bei diesem Volk immer ist, wenn es unter vermeintlichen Naturkatastrophen leidet.

In dem Eckladen verbrachten ein alter Mann, eine Frau mittleren Alters und ein Kind die Tage dieses Winters. Durch die Tiefkühltruhe war es im Laden noch kälter als draußen; die Tür stand immer offen, so daß der eisige Schnee hereintrieb. Es gab überhaupt keine Heizung. Der alte Mann bekam eine Brustfellentzündung und lag zwei Monate im Krankenhaus. Danach war er so geschwächt und anfällig, daß er den Laden im Frühjahr verkaufen mußte. Das Kind saß auf dem Steinboden und weinte ununterbrochen vor Kälte und wurde von der Mutter geschlagen, die hinter dem Ladentisch in einem leichten Wollkleid, Männersocken und einer dünnen Jacke stand und klagte, wie schrecklich das alles sei, während sie schniefte und ihre Finger vor Frost anschwollen. Der alte Mann nebenan, der auf dem Markt als Lastträger arbeitete, rutschte vor seiner Haustür auf dem Eis aus, verletzte sich am Rücken und lebte wochenlang von Arbeitslosenunterstützung. In diesem Haus, das zehn Leute beherbergte, darunter zwei Kinder, gab es einen einzigen elektrischen Ofen, um der Kälte zu begegnen. Drei Bewohner kamen ins Krankenhaus, einer mit Lungenentzündung.

Und die Leitungen blieben geborsten, versiegelt mit bizarren Eisstalaktiten; die Bürgersteige blieben Eisbahnen; und die Behörden unternahmen nichts. In den bürgerlichen Wohnvierteln wurde der Schnee auf den Straßen natürlich jedesmal sofort weggeräumt; und die Behörden reagierten auf die Forderungen der verärgerten Bewohner, die ihr Recht verlangten und mit Prozessen drohten. In unserer Gegend standen es die Leute bis zum Frühjahr durch.

Wenn man von Menschen umgeben war, die so witterungsabhängig wie Höhlenmenschen vor zehntausend Jahren waren, verlor die Eigenart eines alten Katers, der seine Nächte auf einem vereisten Dach verbrachte, an Bedeutung.

Mitten in diesem Winter wurde Freunden ein Kätzchen angeboten. Bekannte von ihnen hatten eine Siamkatze, und die hatte von einem Straßenkater Junge. Die Bastarde wurden weggegeben. Ihre Wohnung ist winzig, und beide arbeiteten den ganzen Tag; doch als sie das Kätzchen sahen, konnten sie nicht widerstehen. Am ersten Wochenende fütterten sie es mit Hummersuppe aus der Büchse und mit Hühnerfrikassee, und es störte ihre ehelichen Nächte, weil es am Hals oder wenigstens in Hautfühlung mit H., dem Mann, schlafen mußte. S., seine Frau, sagte am Telefon, sie sei im Begriff, die Liebe ihres Mannes an eine Katze zu verlieren, genau wie die Ehefrau bei Colette. Am Montag gingen beide zur Arbeit und überließen das Kätzchen sich selbst; als sie heimkamen, war es traurig und klagte, weil es den ganzen Tag allein gewesen war. Sie sagten, sie wollten es zu uns bringen. Das taten sie dann auch.

Das Kätzchen war sechs Wochen alt. Es war entzückend, ein zierliches Märchenkätzchen, dessen siamesische Abstammung sich in der Gesichtsform, den Ohren, dem Schwanz und in den feinen

Körperlinien zeigte. Der Rücken war gestromt: Von oben oder von hinten war es ein hübsches Tigerkätzchen in Grau und Creme. Aber Brust und Bauch waren rauchiggold, im Ton der Siamesen, mit schwarzen Halbbändern am Hals. Das Gesicht war mit Schwarz gezeichnet – feine dunkle Ringe um die Augen, feine dunkle Streifen auf den Backen, ein cremefarbenes Näschen mit schwarzgeränderter rosa Spitze. Von vorn, die schlanken Pfoten gerade aufgesetzt, war sie ein exotisch schönes Tier. Es hockte, ein winziges Ding, mitten auf einem gelben Teppich, umgeben von fünf Bewunderern, ohne sich im geringsten vor uns zu fürchten. Dann strich es in der Wohnung umher, inspizierte jeden Zoll, kletterte auf mein Bett, kroch unter ein Laken und war daheim.

Beim Abschied sagte S.: »Keine Minute zu früh, sonst hätte ich überhaupt keinen Mann mehr gehabt.«

Und er seufzte, es gebe nichts Angenehmeres, als von einer zarten rosa Katzenzunge geweckt zu werden.

Das Kätzchen ging oder vielmehr hopste die Treppe hinunter, denn jede Stufe war doppelt so hoch wie es selbst: zuerst die Vorderpfoten, dann ein Hopser mit den Hinterpfoten. Es besichtigte das untere Stockwerk, verschmähte die Büchsennahrung, die ihm angeboten wurde, und verlangte nach einem Katzenklo, indem es danach miaute. Von Hobelspänen wollte es nichts wissen, aber Zeitungspapierfetzen waren annehmbar, sagte seine gezierte Haltung, wenn es sonst nichts anderes gab. Es gab nichts anders: Der Boden draußen war hartgefroren.

Katzenfutter aus der Dose wollte sie nicht fressen. Sie weigerte sich. Und ich wollte sie nicht mit Hummersuppe und Hühner-fleisch füttern. Wir einigten uns auf gehacktes Rindfleisch.

Sie war in bezug auf Futter immer heikel wie ein unverheirateter Gourmet. Das wird schlimmer, je älter sie wird. Schon als junge Kat-ze konnte sie Verdruß oder Freude oder ihre Absicht, zu schmollen, ausdrücken, je nachdem, was sie fraß, zur Hälfte fraß oder ablehn-te. Ihre Freßgewohnheiten sprechen eine deutliche Sprache.

Aber ich glaube, es ist einfach auch möglich, daß man sie zu früh von der Mutter weggenommen hat. Wenn ich den Katzenfach-leuten mit allem Respekt sagen darf, möglicherweise irren sie sich, wenn sie behaupten, ein Junges dürfe die Mutter auf den Tag genau nach sechs Wochen verlassen. Dieses Kätzchen war sechs Wochen alt, keinen Tag älter, als es von seiner Mutter fort-genommen wurde. Im Grund war sein wählerisches Gebaren dem Futter gegenüber die neurotische Feindseligkeit, das Miß-trauen eines Kindes, das Schwierigkeiten beim Essen macht. Sie mußte fressen, das wußte sie, also fraß sie. Aber sie hat nie mit Freude gefressen, nie aus Lust am Fressen. Und ein weiteres Merkmal teilte sie mit Menschen, die nicht genügend mütterliche Wärme erfahren haben. Noch jetzt kriecht sie instinktiv unter eine Zeitung oder in eine Schachtel oder einen Korb – alles, was Schutz bietet, alles, was zudeckt. Außerdem ist sie leicht beleidigt, schmollt gern. Und sie ist sehr feige.

Kätzchen, die sieben oder acht Wochen bei der Mutter bleiben, fressen problemlos, sie haben Vertrauen. Aber sie sind natürlich nicht so interessant.

Als Jungtier schlief diese Katze nie auf dem Bett. Sie wartete, bis ich darin lag, dann spazierte sie über mich hinweg und erforschte die Möglichkeiten. Sie kroch völlig unter die Decke zu den Füßen oder neben die Schulter oder unters Kopfkissen. Wenn ich mich zu sehr bewegte, zog sie gekränkt um und ließ ihren Ärger merken. Wenn ich das Bett machte, war es ihre größte Freude, mit hineingepackt zu werden; und sie blieb oft stundenlang ganz zufrieden zwischen den Decken, sichtbar als ein winziger Hügel. Wenn man das Buckelchen streichelte, schnurrte und miaute es. Aber sie kam nur hervor, wenn es sein mußte.

Der Hügel bewegte sich dann quer übers Bett, zögerte am Rand. Mit einem ängstlichen Miau sprang sie auf den Boden. In ihrer Würde verletzt, putzte sie sich hastig, und die gelben Augen starrten böse auf die Zuschauer, die einen Fehler begingen, wenn sie lachten. Dann, jedes Haar Ausdruck ihres Selbstbewußtseins, stolzierte sie auf eine Bühne mehr im Mittelpunkt.

Zeit für das wählerische, nörglerische Fressen. Zeit für die Erdkiste – eine ebenso zierliche Vorführung. Zeit für die Pflege des weichen Fells. Und Zeit fürs Spielen, das nie um seiner selbst willen stattfand, sondern nur, wenn sie Zuschauer hatte.

Sie war so eitel und sich ihrer selbst so bewußt wie ein hübsches Mädchen, das außer seiner Schönheit keine Vorzüge hat: die Haltung von Körper und Kopf stets kontrolliert – eine Haltung, die wie eine Maske ist: nein, nein, das bin ich, die frechen Brüste, die gelangweilten, feindseligen Augen immer auf der Lauer nach Bewunderung.

Eine Katze in dem Alter, wo sie, wäre sie ein Mensch, Kleider und Frisur wie Waffen trüge, doch mit einer Zuversicht, daß sie jederzeit, wenn sie wollte, in die verzärtelte Kindheit zurückfallen könnte, sollte ihr die Rolle zu lästig werden – eine Katze, die in stolzer Pose und wie eine Prinzessin im Haus umherstolzierte und dann müde, ein wenig verlegen sich unter einer Zeitung oder hinter einem Kissen verbarg und von diesem sicheren Schlupfwinkel aus die Welt betrachtete.

Ihr niedlichster Trick, den sie meistens einsetzte, um Gesellschaft zu bekommen, bestand darin, unter einem Sofa auf dem Rücken liegend sich mit schnellen scharfen Rucken der Pfoten hervorzuziehen, dann innezuhalten und das elegante Köpfchen zur Seite zu legen, die gelben Augen halb geschlossen, und auf Beifall zu warten. »O schönes Kätzchen! Süßes Tierchen! Hübsche Katze!« Daraufhin gab sie eine neue Vorstellung.

Oder wenn sie die richtige Unterlage hatte, den gelben Teppich, ein blaues Kissen, legte sie sich auf den Rücken und wälzte sich langsam mit angezogenen Pfoten und zurückgelegtem Kopf, so daß Brust und Bauch sichtbar waren, cremefarben und fein gezeichnet mit schwarzen Flecken wie ein Leopard, als wäre sie eine zierliche Subspezies des Leoparden. »O schönes Kätzchen, oh, du bist so schön!« Und so trieb sie es weiter, bis die Komplimente verstummten,

Oder sie saß auf der hinteren Veranda, aber nicht auf dem Tisch, der keinerlei Schmuck aufwies, sondern auf einem kleinen Ständer mit Narzissen- und Hyazinthentöpfen. Sie saß in Positur zwischen blauen und weißen Blumen, bis sie bemerkt und bewundert wurde. Nicht nur von uns natürlich; sondern auch von dem rheumatischen alten Kater, der, eine grimmige Mahnung eines viel härteren Lebens, durch den Garten strich, wo die Erde immer noch frosthart war. Er sah eine hübsche halbausgewachsene Katze hinter dem Glas. Sie sah ihn an. Sie hob den Kopf, hierhin und dorthin; biß ein Stückchen von der Hyazinthe ab, ließ es fallen; leckte sich nachlässig das Fell; dann, mit einem frechen Blick über die Schulter, sprang sie hinunter und kam ins Zimmer, weg aus seinem Blickfeld. Oder, wenn sie auf einem Arm oder einer Schulter die Treppe hinaufgetragen wurde, warf sie einen Blick aus dem Fenster auf den armen alten Kerl, der so still dasaß, daß wir manchmal dachten, er sei tot und steifgefroren. Wenn die Sonne am Mittag etwas wärmer wurde und er sich putzte, waren wir erleichtert. Manchmal beobachtete sie ihn vom Fenster aus, aber ihr Leben spielte sich immer noch in den Armen, Betten, Kissen und Winkeln der Menschen ab.

Dann kam der Frühling, die Hintertür wurde geöffnet, das Katzenklo wurde zum Glück überdrüssig, und der Garten wurde ihr Reich. Sie war sechs Monate alt, voll ausgewachsen nach dem Gesichtspunkt der Natur.

Sie war so hübsch damals, so vollkommen: sogar schöner als jene Katze, die, wie ich vor vielen Jahren geschworen hatte, niemals ihresgleichen haben würde. Natürlich hat sie auch ihresgleichen nie gehabt; denn jene Katze war ganz Zurückhaltung, Zartheit, Wärme und Anmut gewesen – deshalb hatte sie, wie es die Märchen und die alten Frauen erzählen, jung sterben müssen.

Unsere Katze, die Prinzessin, war und ist immer noch wunderschön, aber man kann es nicht leugnen, sie ist ein selbstsüchtiges Biest.

Die Kater reihten sich auf den Gartenmauern auf. Zuerst der düstere alte Winterkater, der König der Gärten. Dann ein hübscher Schwarzweißer von nebenan, allem Anschein nach sein Sohn. Ein kampfvernarbter Tigerkater. Ein grauweißer Kater, der von seiner Niederlage so überzeugt war, daß er nie von der Mauer herunterkam. Und ein schneidiger junger Tiger, den sie offensichtlich bewunderte. Zwecklos, der alte König war noch unbesiegt. Als sie hinausstolzierte, den Schwanz hochgereckt, so tat, als beachtete sie keinen von ihnen, aber dabei den schönen jungen Tiger beobachtete, sprang er zu ihr hinunter, doch der Winterkater brauchte sich nur ein wenig auf der Mauer zu bewegen, und der junge Kater sprang zurück in die Sicherheit. Das ging so wochenlang.

Inzwischen kamen H. und S., um ihren ehemaligen Liebling zu besuchen. S. fand es ungerecht, daß die Prinzessin nicht ihre eigene Wahl treffen sollte; und H. sagte, das sei durchaus in Ordnung, eine Prinzessin müsse einen König bekommen, mochte er auch alt und häßlich sein. Er hat solche Würde, sagte H.; er ist so imponierend; und er hat sich durch sein nobles Ausharren im langen Winter die hübsche junge Katze verdient.

Inzwischen hatten wir dem häßlichen Kater den Namen Mephistopheles gegeben. (Bei sich zu Hause wurde er Billy genannt, wie wir erfuhren.) Unsere Katze hatte verschiedene Namen, aber keine paßte. Melissa und Franny; Marilyn und Sappho; Circe und Ayesha und Suzette. Aber beim Sprechen, beim Kosen miaute und schnurrte sie bei langsilbigen Adjektiven – schöööne, süüüße Mieze.

An einem sehr heißen Wochenende, dem einzigen in einem sonst kühlen Sommer, wenn ich mich richtig erinnere, wurde sie rollig. H. und S. kamen am Sonntag zum Essen, und wir saßen hinten auf der Veranda und beobachteten die Entscheidungen der Natur. Unsere Entscheidung war es nicht und ebensowenig die unserer Katze.

Zwei Nächte lang hatten die Kämpfe im Garten angedauert, schreckliche Kämpfe, klagende und heulende und schreiende Kater. Währenddessen hatte die graue Prinzessin am Fußende meines Bettes gesessen und mit gespitzten, beweglichen Ohren ins Dunkel gelauscht, die Schwanzspitze leise hin und her bewegend. An jenem Sonntag war nur Mephistopheles zu sehen. Die graue Katze wälzte sich ekstatisch quer durch den Garten. Sie kam zu uns, rollte sich zu unseren Füßen und biß zu. Sie raste den Baum am Ende des Gartens hinauf und hinunter. Sie wälzte sich und schrie und schrie und forderte auf.

»Die abscheulichste Zurschaustellung der Lust, die ich jemals gesehen habe«, sagte S. und beobachtete H., der in unsere Katze verliebt war.

»Arme Katze«, sagte H., »Wenn ich Mephistopheles wäre, würde ich dich nicht so schlecht behandeln.«

»Du bist widerlich, H.,« sagte S. »Wenn ich das erzählte, kein Mensch würde mir glauben, aber ich habe immer gesagt, daß du unmöglich bist.«

»So. Das hast du also schon immer gesagt«, sagte H. darauf und streichelte die ekstatische Katze.

Es war ein sehr heißer Tag, wir hatten zum Essen viel Wein getrunken, und das Liebesspiel setzte sich den ganzen Nachmittag fort.

Endlich sprang Mephistopheles von der Mauer hinunter, wo die graue Katze sich zappelnd wälzte – aber er war ungeschickt.

»O mein Gott«, sagte H., der wirklich litt. »Das ist unverzeihlich.«

S. beobachtete gespannt die Qualen unserer Katze und äußerte dramatisch und deutlich ihre Zweifel, ob sich Sex überhaupt lohne. »Schaut euch das an«, sagte sie. »Das sind wir. Genauso sind wir.«

»So sind wir ganz und gar nicht«, sagte H. »Mephistopheles ist so. Man sollte ihn erschießen.«

Sofort erschießen, sagten wir einmütig; oder wenigstens einsperren, damit der junge Tiger von nebenan seine Chance hätte.

Aber der schöne junge Kater war nirgends zu sehen. Wir tranken weiter Wein; die Sonne schien weiter; unsere Prinzessin tanzte, wälzte sich, schoß den Baum hinauf und hinunter, und als endlich alles gut ging, packte sie der alte König wieder und wieder.

»Er ist nur zu alt für sie«, sagte H.

»O mein Gott«, sagte S. »Ich muß dich nach Hause bringen. Sonst erbarmst du dich noch der Katze, jede Wette.«

»Ich wünschte, ich könnte es«, sagte H. »Was für ein schönes Tier, was für ein entzückendes Geschöpf, welch eine Prinzessin! Sie ist zu schade für einen Kater. Ich kann das nicht mit ansehen.«

Am folgenden Tag kehrte der Winter zurück; der Garten war kalt und naß; und die graue Katze nahm wieder ihr hochmütiges, verwöhntes Wesen an. Und der alte König lag, immer noch Sieger über alle anderen, auf der Mauer im stetig fallenden englischen Regen.

Die graue Katze nahm ihre Trächtigkeit leicht. Sie fegte durch den Garten, den Baum hinauf und hinunter; wieder und wieder; der Sinn dieses Tuns schien in dem einen Moment zu liegen, in dem sie, an den Baum geklammert, den Kopf wandte, die Augen halbgeschlossen, um Beifall entgegenzunehmen. Sie sprang die Treppe hinunter, drei, vier Stufen auf einmal. Sie hangelte sich unter dem Sofa über den Fußboden. Und da sie die Erfahrung gemacht hatte, daß jeder, der sie zum erstenmal sah, sofort in Begeisterung geriet – Oh, was für eine schöne Katze! –, saß sie in vorteilhafter Pose bei der Haustür, wenn Gäste kamen.

Dann, als sie sich durch das Geländer zwängen wollte, um eine Treppe tiefer zu springen, stellte sie fest, daß es nicht ging. Sie versuchte es nochmals, es ging nicht. Sie war gedemütigt, gab vor, es überhaupt nicht versucht zu haben, sondern den längeren Weg um die Biegung der Treppe zu bevorzugen.

Das Tempo baumauf und baumab wurde langsamer, dann gab sie auf.

Und als sich die Kätzchen in ihrem Leib bewegten, war sie überrascht, verstimmt.

Gewöhnlich schnüffelt eine Katze etwa zwei Wochen vor dem Werfen in Schränken und Winkeln herum – prüfend, ablehnend, wählend. Diese Katze tat nichts dergleichen. Ich räumte die Schuhe aus dem Schlafzimmerschrank und zeigte ihr den geschützten, dunklen, bequemen Platz. Sie ging hinein und wieder hinaus. Andere Stellen wurden ihr angeboten. Es lag nicht daran, daß sie ihr mißfielen; sie schien einfach nicht zu wissen, was geschah.

Einen Tag vor der Geburt wühlte sie sich auf einem Sessel in ein paar alte Zeitungen, aber die Bewegungen waren automatisch, keineswegs zielgerichtet. Irgendeine Drüse, oder was immer, hatte gesprochen und Bewegungen veranlaßt; sie gehorchte, aber was sie tat, hing nicht mit einem instinktiven Wissen zusammen, wenigstens schien es so, denn sie wiederholte es nicht.

Am Tag der Geburt hatte sie ungefähr drei Stunden lang Wehen, bevor es ihr bewußt wurde. Sie saß auf dem Küchenboden, miaute verwundert, und als ich sie hinaufschickte zum Schrank, ging sie tatsächlich. Sie blieb aber nicht dort. Sie trottete ziellos im Haus umher, schnüffelte – in diesem letzten Stadium – an verschiedenen möglichen Plätzen, verlor jedoch das Interesse und kam wieder in die Küche herunter. Sobald der Schmerz oder die ungewohnte Empfindung nachließ, vergaß sie sofort und wollte ihr gewohntes Leben wieder beginnen – das Leben eines verwöhnten, bewunderten Kätzchens. Das war sie ja auch eigentlich noch.

Ich brachte sie nach oben und sorgte dafür, daß sie im Schrank blieb. Sie wollte nicht. Sie reagierte ganz einfach nicht wie erwartet. Im Grund war es rührend, absurd – und komisch, und wir hätten am liebsten gelacht. Als die Kontraktionen stärker wurden, wurde sie böse. Als sie gegen Ende große Schmerzen hatte, miaute sie, aber es war ein protestierendes, zorniges Miauen. Sie war wütend auf uns, weil wir billigten, was ihr geschah.

Es ist faszinierend, die Geburt des ersten Jungen einer Katze zu erleben, den Augenblick, wenn das winzige, zappelnde Geschöpf in seiner weißen durchsichtigen Hülle erschienen ist und die Katze die Hülle wegleckt, die Nabelschnur abkaut und die Nachgeburt verzehrt, alles so zierlich, so gründlich, so vollkommen, obwohl sie alles zum erstenmal macht. Das Junge ist ausgestoßen worden und liegt hinter der Katze. Die Katze blickt verstört, drauf und dran zu fliehen, auf das neue Ding, das mit ihr verbunden ist; sie schaut nochmals, sie weiß nicht, was es ist; dann setzt der Mechanismus ein, und sie gehorcht, wird Mutter, schnurrt, ist glücklich.

Bei dieser Katze gab es die längste Pause, die ich jemals erlebt habe, während sie das Junge betrachtete. Sie schaute es an, schaute mich an, bewegte sich ein wenig, um festzustellen, ob sie das Anhängsel loswerden könne – dann funktionierte es. Sie säuberte das Kätzchen, tat alles, was von ihr erwartet wurde, schnurrte und dann stand sie auf, ging hinunter und setzte sich auf die rückwärtige Veranda und blickte auf den Garten hinaus. Das wäre überstanden, schien sie zu denken. Dann kam die nächste

Kontraktion, und sie drehte sich um und blickte mich an – sie war ärgerlich, wütend. Ihr Gesicht, ihre Körperhaltung sagten unmißverständlich: Das ist verdammt lästig. »Geh hinauf!« befahl ich. »Hinauf!« Sie ging schmollend. Sie kroch die Treppe mit zurückgelegten Ohren hinauf fast wie ein Hund, wenn er gescholten wird oder in Ungnade gefallen ist; aber sie hatte nichts von der Unterwürfigkeit eines Hundes. Im Gegenteil, sie ärgerte sich über mich und über die ganze Sache. Als sie das erste Kätzchen wiedersah, erkannte sie es; abermals funktionierte der Mechanismus, und sie leckte es. Sie warf vier Junge, und dann legte sie sich schlafen, ein bezauberndes Bild: eine wunderschöne Katze und vier saugende Kätzchen. Es war ein prächtiger Wurf! Das erste, ein Weibchen, ihr Abbild, sogar bis zu den feingezeichneten dunklen Ringen um die Augen, den schwarzen Halbbändern an Brust und Beinen, dem topasfarbenen schwach gefleckten Bauch. Dann ein graublaues Kätzchen: Später wirkte es bei bestimmter Beleuchtung tief purpur. Ein schwarzes Kätzchen, das sich zu einem schwarzen Kater mit gelben Augen auswuchs, ganz Eleganz und Kraft. Und das Kätzchen des Vaters, genau wie er, ein ziemlich plumpes, ungraziöses Kätzchen in Schwarz und Weiß. Die ersten drei hatten die leichten, feinen Linien der Siam-Rasse.

Als die Katze erwachte, betrachtete sie die Jungen, die jetzt schliefen, erhob sich, schüttelte sich und stolzierte hinunter. Sie trank etwas Milch, fraß von dem rohen Fleisch, putzte sich von oben bis unten. Sie kehrte nicht zu den Jungen zurück.

Als S. und H. kamen, um die Kätzchen zu bewundern, saß die

Mutterkatze unten an der Treppe im Profil in Positur. Dann rannte sie aus dem Haus, ein paarmal den Baum hinauf und hinunter. Dann stieg sie zum obersten Stock hinauf und kam wieder herunter, indem sie durch das Geländer jeweils auf die darunterliegende Treppe sprang. Dann strich sie schnurrend um H.s Beine.

»Du bist doch jetzt eine Mutter«, sagte S. entsetzt, »wieso bist du nicht bei deinen Jungen?«

Allem Anschein nach hatte sie die Jungen vergessen. Unerklärlicherweise hatte sie eine unangenehme Aufgabe erfüllen müssen; es war vorbei, und damit basta.

Sie sprang und tobte durchs Haus, bis ich sie am späten Abend hinaufschickte. Sie wollte nicht gehen. Ich trug sie zu den Kätzchen hinauf. Unmutig kroch sie zu ihnen. Sie wollte sich nicht hinlegen, um sie zu säugen. Ich zwang sie. Sowie ich den Rücken kehrte, verließ sie die Jungen. Ich saß daneben, während sie sie säugte.

Ich ging, um mich für die Nacht zurechtzumachen. Als ich ins Schlafzimmer zurückkam, lag sie unter meiner Decke und schlief. Ich brachte sie zu den Jungen zurück. Sie betrachtete sie mit zurückgelegten Ohren, und wieder wäre sie einfach davongelaufen, wenn ich nicht vor ihr gestanden und, eine unerbittliche Verkörperung der Autorität, auf die Kätzchen gezeigt hätte. Sie stieg zu ihnen hinein, ließ sich fallen, als wollte sie sagen: Wenn du unbedingt willst. Sowie die Kätzchen an ihren Zitzen saugten, meldete sich der Instinkt, wenn auch nicht sehr anhaltend, und sie schnurrte eine Weile.

Während der ganzen Nacht schlich sie sich aus dem Schrank und zu ihrem gewohnten Platz auf meinem Bett. Jedesmal sorgte ich dafür, daß sie zurückkehrte. Sobald ich eingeschlafen war, kam sie wieder, und die Kätzchen jammerten.

Am Morgen hatte sie begriffen, daß sie die Verantwortung für diese Kätzchen trug. Aber sie hätte ihre Jungen – der großen Mutter Natur zum Trotz – verhungern lassen, wenn sie sich selbst überlassen geblieben wäre.

Als wir am folgenden Tag beim Mittagessen saßen, kam die graue Katze mit einem Kätzchen im Maul in die Küche gelaufen. Sie legte es mitten auf den Fußboden und ging wieder hinauf, um die anderen zu holen. Sie brachte alle vier herunter, eins nach dem anderen; dann streckte sie sich mit ihnen auf dem Küchenboden aus. Sie würde sich nicht ausschließen lassen, hatte sie beschlossen; und den ganzen Monat, während die Kätzchen noch hilflos waren, erlebten wir, wo immer wir uns im Hause aufhielten, wie die graue Katze mit ihren Jungen ins Zimmer kam, sie auf eine Weise im Maul trug und schüttelte, die entsetzlich lieblos wirkte. Wenn ich nachts aufwachte, lag sie reglos neben mir, und sie rührte sich nicht und hoffte, ich würde sie nicht bemerken. Wenn sie wußte, daß ich sie bemerkt hatte, schnurrte sie, um mich zu erweichen, und leckte mir das Gesicht und biß mich in die Nase. Alles umsonst. Ich schickte sie zu ihren Jungen zurück, und sie ging schmollend.

Kurz, sie war eine miserable Mutter. Wir schoben es auf ihre Jugend. Als ihre Jungen einen Tag alt waren, versuchte sie, mit ihnen zu spielen, wie es eine Katze mit vier bis fünf Wochen alten Kätzchen tun würde. Ein winziges, blindes Knäuel wurde mit den großen Hinterpfoten herumgestoßen und zärtlich-spielerisch gebissen, während es doch nur an die unwillig dargebotenen Zitzen gelangen wollte. Ein trauriger Anblick, gewiß: Und wir waren auch böse auf sie; und dann lachten wir, aber das machte die Sache nur schlimmer, denn was sie überhaupt nicht vertragen kann, ist ausgelacht werden.

Trotz der schlechten Behandlung war dieser erste Wurf entzückend, der schönste, der in diesem Haus zur Welt kam – jedes Junge auf seine Weise bemerkenswert, selbst das Ebenbild des alten Mephistopheles.

Eines Tages kam ich nach oben und fand ihn im Schlafzimmer. Er betrachtete die Kätzchen. Die graue Katze war natürlich nicht da. Er hielt sich etwas entfernt, den Kopf vorgestreckt, wie üblich mit offenem Maul. Aber er wollte ihnen nichts tun, er war nur neugierig.

Da die Kätzchen so reizend waren, brachten wir sie sofort unter. Aber es war doch ein Unglückswurf. Innerhalb von achtzehn Monaten stieß allen etwas zu. Die vielgeliebte Katze, die das Ebenbild ihrer Mutter war, verschwand eines Tages und wurde nie mehr gesehen. Und der schwarzen Katze ging es ebenso. Jung-Mephistopheles wurde wegen seines Mutes und seiner Kraft Mäusefänger in einem Lagerhaus, starb jedoch an der Seuche. Die Purpurne, die selbst einen außerordentlichen Wurf hatte, drei vollkommene Siamesen, cremefarben und mit rosa Augen, und drei gewöhnliche Gassenkatzen, verlor ihr Heim. Sie soll allerdings ein neues ganz in der Nähe gefunden haben.

Die graue Katze, so beschlossen wir, sollte keine Jungen mehr bekommen. Sie eignete sich einfach nicht zur Mutterschaft. Aber es war zu spät. Sie war bereits wieder trächtig. Nicht von Mephistopheles.

Diese Gegend gilt bei den Katzendieben und -händlern als Katzengegend. Ich glaube, sie fahren einfach herum und nehmen sich die Tiere, die ihnen gefallen und nicht sicher im Haus eingesperrt sind. Das geschieht in der Nacht; und es ist ein schlimmer Gedanke, wie die Diebe die Katzen still halten, damit ihre Besitzer nicht geweckt werden. Die Leute in meiner Straße verdächtigen die Krankenhäuser in unserer Nachbarschaft. Diese Vivisektoren waren wieder zugange, sagen sie; und vielleicht haben sie recht. Jedenfalls verschwanden eines Nachts sechs Katzen, darunter auch Mephistopheles. Und jetzt bekam die graue Katze ihren Willen, nämlich den jungen Tigerkater mit der weißen Satinweste.

Wieder wurde sie von der Geburt überrascht, aber sie brauchte diesmal nicht so lange, sich zu fügen. Sie erhob sich vom Wochenbett und ging hinunter und wäre nicht zurückgekehrt, wenn man es ihr nicht befohlen hätte; aber ich glaube, im ganzen hatte sie an ihrem zweiten Wurf Freude. Diesmal waren die Jungen ganz gewöhnlich, eine recht hübsche Mischung von getigerten und weißgestromten Kätzchen; aber sie hatten keine Besonderheiten in Farbe oder Zeichnung, und es war schwieriger, sie unterzubringen.

Herbst, die Wege dick mit braunen Blättern der großen Platane bedeckt; die Katze lehrte ihre vier Jungen Jagen, Anschleichen und Springen, während das Laub durch die Luft wirbelte. Die Blätter spielten dabei die Rolle der Mäuse und Ratten und wurden dann ins Haus gebracht. Das eine Kätzchen pflegte sein Blatt sehr sorgfältig zu zerreißen. Es hatte die merkwürdige Angewohnheit seiner Mutter geerbt: Sie kann eine halbe Stunde damit verbringen, eine Zeitung systematisch mit den Zähnen zu zerfetzen, Stückchen um Stückchen. Ob das typisch für Siamkatzen ist? Eine Freundin von mir hat zwei Siamesen. Wenn sie Rosen in der Wohnung hat, holen sich die Katzen mit den Zähnen die Rosen aus der Vase, legen sie hin und reißen die Blütenblätter nacheinander ab, als wären sie in eine wichtige Arbeit vertieft. Vielleicht sollten in der freien Natur das Blatt, die Zeitung, die Rose Material für ein Lager sein.

Der grauen Katze machte es Spaß, ihren Jungen die Kunst des Jagens beizubringen. Auf dem Land wären sie sicher gut ausgebildete Katzen geworden. Sie erzog sie auch zur Sauberkeit: Keines ihrer Kätzchen beschmutzte jemals einen Winkel. Aber da sie immer noch Schwierigkeiten beim Fressen machte, zeigte sie kein Interesse, ihnen das Fressen beizubringen. Das lernten sie von selbst.

Von diesem Wurf blieb ein Tier länger bei uns als die anderen. Den Winter über hatten wir zwei Katzen, die graue und ihren Sohn, einen bunten, bräunlich-orange-gefleckten Kater mit einer Weste wie sein Vater.

Die graue Katze wurde wieder zum Kätzchen, und die beiden spielten den ganzen Tag zusammen und schliefen eng angekuschelt. Der kleine Kater war viel größer als seine Mutter; aber sie kommandierte ihn herum und verprügelte ihn, wenn er ihr Mißfallen erregte. Sie konnten stundenlang daliegen und sich schnurrend gegenseitig das Gesicht lecken.

Er war ein gewaltiger Fresser, er fraß alles. Wir hofften, durch sein Beispiel würde sie vernünftiger werden, aber sie blieb eigen. Sie ließ ihn, ihr Junges, nach Katzenart stets zuerst trinken und fressen, während sie danebenhockte und zuschaute. Wenn er fertig war, ging sie hin, beschnüffelte das Katzenfutter oder die Speisereste und kam dann zu mir, um mich mit einem zarten Biß in die Wade zu erinnern, daß sie nur Kaninchen, rohes Fleisch oder rohen Fisch fraß, in kleinen Portionen und appetitlich auf einem sauberen Teller angerichtet.

Über ihrem Futter, das ihr von Rechts wegen allein zustand, hockte sie eifersüchtig, warf ihm finstere Blicke zu und fraß ohne Hast eine bestimmte Menge, nie mehr. Sie frißt selten alles auf, was ihr hingesetzt wird, fast immer läßt sie etwas übrig – feine Tischmanieren, aber bei der Grauen will es mir scheinen, als hätte dies seine Wurzel in einem aggressiven Trotz. »Ich fresse dieses Futter nicht auf, ich habe keinen Hunger, und du hast mir zuviel hingestellt, und es ist deine Schuld, wenn es verdirbt.« – »Ich habe so viel zu fressen, das hier brauche ich nicht zu fressen.« – »Ich bin ein zartes, kostbares Geschöpf und über so gewöhnliche Dinge wie Futter erhaben.« Das letzte ist deutlich ihre Haltung.

Der junge Kater fraß auf, was sie übrigließ, ohne zu merken, daß es besser war als sein eigenes Futter; und dann liefen sie fort, jagten sich durch Haus und Garten. Oder sie setzten sich auf das Fußende meines Bettes, schauten zum Fenster hinaus, putzten sich gegenseitig von Zeit zu Zeit und schnurrten.

Dies war der Höhepunkt im Leben der grauen Katze, der Gipfel ihres Glückes und Charmes. Sie war nicht allein; ihr Gefährte bedrohte sie nicht, weil sie ihn beherrschte. Und sie war so schön – wirklich wunderschön.

Am vorteilhaftesten sah sie aus, wenn sie auf dem Bett saß und hinausschaute. Die cremefarbenen, leichtgestreiften Vorderbeine standen auf silbrigen Pfoten gerade nebeneinander. Die Ohren mit einem leichten weißen Rand, der wie Silber wirkte, waren gespitzt und bewegten sich lauschend und aufmerksam nach vorn und hinten. Ihr Gesicht folgte wachsam jeder neuen Wahrnehmung. Der Schwanz zuckte in einer anderen Dimension, als ob die Spitze Mitteilungen empfinge, die von anderen Organen nicht aufgenommen werden konnten. Sie saß gelassen da, luftig, beobachtend, lauschend, fühlend, riechend, atmend, mit jeder Fiber, mit Fell, Schnurrhaaren, Ohren – alles vibrierte zart. Wenn ein Fisch die Bewegung des Wassers verkörpert, ihr Form verleiht, dann ist die Katze Diagramm und Muster der so viel feineren Luft.

O Katze! sagte ich wie im Gebet. Schööööne Katze! Kostbare Katze! Erlesene Katze! Seidige Katze! Katze wie eine weiche Eule, Katze mit Pfoten wie Falter, juwelengeschmückte Katze, wunderbare Katze! Katze, Katze, Katze, Katze.

Zuerst beachtete sie mich nicht; dann wandte sie geschmeidig und hochmütig den Kopf und schloß bei jedem Lobeswort halb die Augen, für jedes aufs neue. Und wenn ich aufhörte, gähnte sie träge und geziert und zeigte ein erdbeereisfarbenes Mäulchen und eine aufgerollte rosige Zunge.

Oder sie kauerte sich bedächtig hin und bannte mich mit ihren Augen. Ich blickte hinein, mandelförmig und dunkel umrandet und darum wieder ein cremefarbener Strich. Unter jedem Auge ein dunkler Pinselstrich. Grüne, grüne Augen; aber im Schatten von rauchigem Dunkelgold – eine dunkeläugige Katze. Aber im Licht grün, ein klares, kühles Smaragdgrün. Hinter den durchsichtigen Augäpfeln schimmerte ein Geäder wie Schmetterlingsflügel. Flügel gleich Juwelen: das Wesen des Flügels.

Ein Wandelndes Blatt ist von einem Blatt nicht zu unterscheiden – bei einem zufälligen Blick. Aber man schaue näher hin: Die Kopie eines Blattes ist mehr Blatt als das Blatt selbst – gerippt, geädert, zart, als ob ein Goldschmied es gearbeitet hätte, aber ein schalkhafter Goldschmied, so daß das Insekt fast schon eine Parodie ist. Sieh nur die Fälschung, sagt das Wandelnde Blatt: Gab es je ein so erlesenes Blatt wie mich? Sogar dort, wo ich die Unvollkommenheiten eines Blattes nachgemacht habe, bin ich vollkommen. Willst du je wieder ein gewöhnliches Blatt ansehen, nachdem du mich gesehen hast, das Kunstwerk?

In den Augen der grauen Katze lag der grüne Jadeschimmer eines Schmetterlingflügels, als ob ein Künstler gesagt hätte: Was könnte so anmutig, so zierlich wie eine Katze sein? Was ein natürlicheres Luftgeschöpf? Welches Luftwesen ist der Katze verwandt? Der Schmetterling, natürlich der Schmetterling! Und da, tief in den Katzenaugen, liegt dieser Gedanke, nur angedeutet mit halbem Lachen, und verborgen hinter den Wimpernfransen, hinter dem feinen braunen Innenlid und den listigen Finten der Katzenkoketterie.

Graue Katze, vollkommene, erlesene Königin; graue Katze mit der Erinnerung an Leopard und Schlange; mit der Ähnlichkeit von Schmetterling und Eule; ein Miniaturlöwe mit mörderischen Stahlkrallen; graue Katze voller Geheimnisse, Verwandtschaften, Rätsel – die graue Katze, achtzehn Monate alt, eine junge Matrone in ihrer Blüte, bekam zum drittenmal Junge, diesmal von dem grauweißen Kater, der sich während der Herrschaft des alten Königs nicht von der Mauer heruntergetraut hatte. Sie bekam vier Junge, und ihr Sohn saß während der Geburt neben ihr und sah zu und leckte sie in den Pausen zwischen den Wehen und leckte die Kätzchen. Er wollte zu ihnen ins Nest, aber er bekam eine Ohrfeige wegen dieses Rückfalls in den Infantilismus.

Charlotte Link
MEINE FÜNFZEHN
WEGWERFKATZEN

W eißt du«, sagte die Mutter einer Schulfreundin zu mir und zupfte ein paar Katzenhaare von meinem Pullover, »weißt du, wenn die Leute dich komisch ansehen wegen deiner Tiere, dann erklärst du ihnen: ›Wer mich will, der muß auch meine Katzen wollen! Ganz einfach!‹«

Ich nickte halbwegs getröstet und begab mich mit gestärktem Selbstbewußtsein nach Hause. Vor der Eingangstüre lag die blutige, zerfetzte Leiche einer Maus. Daneben stand der Briefträger, drückte mir die Post in die Hand, blickte mich angewidert an und verschwand grußlos. Ich holte eine Schaufel und baute ein Mäuse-Grab, traurig, weil mir die Maus leid tat, und wütend, weil der Kerl mich angesehen hatte, als hätte ich sie persönlich totgebissen.

»Wer mich will ...« Der Satz ist vielleicht ganz wirkungsvoll, aber auch ein bißchen dramatisch. Außerdem kann ich das ja nicht jedem entgegenschleudern, der harmlos unser Haus betritt. Aber tatsächlich sollen Menschen, die meine Gesellschaft suchen, ihre Toleranzgrenze sehr weit stecken. So weit, daß fünfzehn pelzige, launische, kratzige, süße Katzentiere ihren Platz darin finden.

Jawohl, ich habe fünfzehn, und ich muß gestehen, daß sie alle bei uns im Haus leben und keineswegs in einer Scheune. Und daß sie

in menschlichen Betten schlafen anstatt im Körbchen, wie sich das gehört. Dieses bloße Geständnis regt meist noch niemanden auf. Im Gegenteil, die Reaktionen sind eher schmeichelhaft und überschwenglich.

»Fünfzehn Katzen haben Sie? Das stelle ich mir ganz reizend vor! Wissen Sie, ich liebe Katzen!«

Ja, ja, weiß ich. Katzen haben ist schick. Künstler umgeben sich mit Katzen, der Schriftsteller Hemingway besaß gar dreißig; Hexen sind untrennbar mit Katzen verbunden, alles Geheimnisvolle, Zwielichtige, Halbweltangehauchte hat etwas mit Katzen zu tun. Sie vermitteln Unabhängigkeit, Romantik, Sinnliches in Bewegung und Ausdruck. Und was für manchen Besitzer das wichtigste ist: Ihr Flair färbt ein klein wenig auf die Umgebung ab, verleiht dem guten deutschen Bürger, der ihnen Unterkunft gewährt, zumindest das Gefühl, eine Spur von jenem katzigen Sexappeal selbst auszustrahlen … Wenn das nichts ist!

Aber ich will nicht mißverstanden werden. Es liegt überhaupt nicht in meiner Absicht, den Katzen die obengenannten Eigenschaften abzusprechen. Unbestreitbar, die Katze hat das gewisse Etwas, und sie läßt auch ihre Umgebung glitzern. Nur ist nicht alles so zauberhaft, wie es zunächst scheint. Denn, um mit der Reaktion der Leute fortzufahren, kritisch wird es dann, wenn es nach der ersten Begeisterung heißt:

»Ich *muß* Sie einfach besuchen und mir die Katzen ansehen!«

Die Erwartungen der Leute kenne ich. Fünfzehn liebenswerte Kätzchen sollen bereitstehen, den Gast mit possierlichen Spielen zu unterhalten. Tatsache ist, daß sich zunächst keine Katze auch nur blicken läßt; dafür kann man sie riechen. Irgendeine war noch schnell auf dem Kästchen, bevor der Besucher klingelte, und das läßt sich nicht verheimlichen. Die Miene des Gastes umwölkt sich.

»Das riecht ja wirklich … schauerlich, wenn ich so sagen darf.« – »Ja, tut mir leid.« Schon muß ich mich verteidigen. Gerade da taucht aber endlich eine Katze auf: Mohrle. Meine Warnung allerdings, ausgerechnet diese Katze besser nicht zu streicheln, wird großspurig in den Wind geschlagen. Eigentümlicherweise glauben immer Leute, die nichts von Tieren verstehen, besonders gut mit ihnen zurechtzukommen.

»Aber ich bitte Sie, mich hat noch nie eine Katze gekratzt!« Die Worte werden unterstrichen mit einem betont forschen Ausstrecken und Zupacken der Hand. Dann ein Fauchen und ein Schrei. Die Wunde blutet heftig. Meine Erklärungen nutzen jetzt gar nichts mehr. Daß Mohrle nichts dafür kann, weil sie ihre Jugend eingesperrt in einem steineren Keller ohne Fenster verbracht hat, weil sie, ein Jahr alt, als wir sie befreiten, noch nie das Tageslicht gesehen hatte … was interessiert's den Gast, der auf seine mißhandelten Finger starrt. Überflüssig zu sagen, daß von nun ohnehin alles schiefgeht. Katinka beißt einer der mitgebrachten Blumen vor den Augen des Schenkers den Kopf ab, Manderley holt seinen geliebten Hölderlin aus dem Regal, um die Buchseiten anzunagen, Leopold gerät mit seinen Krallen in meine Seidenstrümpfe und zerreißt sie – wenigstens meine eigenen! –, und

Laura fängt einen lebenden Regenwurm. Sie legt ihn stolz auf den Kaffeetisch und beobachtet fasziniert, wie er sich kringelt. Gegen so viel nervenzerrüttendes Tun kommen selbst die kleinen erfreulichen Ereignisse nicht an. Daß Kreisel allerliebst über den Teppich kugelt, vermag kaum noch zu entzücken, zumal gleichzeitig der Hinweis des Besuchers erfolgt, die Verletzung tue schließlich weh und er müsse nun auch gehen. Zum Abschied findet er sogar noch ein paar hoffentlich nett gemeinte Worte: »Bei Ihnen ist sicher immer viel los!«

Ja, das kann man wohl sagen. Geplant war das alles nicht.

Wie sich schon aus der Lebensgeschichte von Mohrle entnehmen läßt, handelt es sich bei meinen fünfzehn Pelzgeschöpfen keineswegs um erlesene Zuchtexemplare. Vielmehr um einen Haufen Wegwerfkatzen, ehemals verwahrlost, verhungert, halb erfroren, krank und räudig. Aufgesammelt von der Straße, aus Mülltonnen, Plastiktüten, von Autobahnrastplätzen, aus Wäldern – eben überall daher, wohin die edle Krone der Schöpfung schmeißt, was sie nicht mehr braucht.

Wer selbst auf ähnliche Weise zu einer Katze kam, weiß, daß solche Tiere den Besitzer nie glauben lassen, wie ein barmherziger Samariter zu handeln. Voll Selbstverständlichkeit bewohnen sie das Haus, das sie aufnahm, wie ein König sein Schloß. Selbst dann, wenn sie nicht freiwillig dort eingelassen wurden. Ich erinnere mich an unseren Kater Paul, ein goldfarbenes getigertes Riesentier mit Schleierblick. Er saß eines Tages vor der Haustür, und jedesmal, wenn jemand kam oder ging, schob er sich hinein. Er ließ sich willig zurücktragen, blieb aber unverrückbar sitzen. Das Ganze wuchs sich zu einem Machtkampf aus, bei dem es darum ging, wer zuerst die Nerven verliert. Daß Paul das nicht sein würde, hätten wir uns gleich denken können. Wir resignierten in jenem Augenblick, als uns zu Bewußtsein kam, daß jeder, der fortgehen wollte, vorher überlegte, ob das wirklich notwendig sei. Ein richtiger Belagerungszustand. Wir öffneten also die Tür. Paul spazierte schnurrend herein und lebt noch heute bei uns.

Wenn Katzen ein Haus bewohnen, dann ganz und gar. Ihre Fähigkeit, alles, was sie begehren, als ihnen gebührend zu betrachten, ist schier grenzenlos. Sie tun das mit solch einer Überzeugungskraft, daß sich menschliche Abwehr rasch in sprachlose Unterordnung wandelt. Es gibt zwar keinen Grund, weshalb eine Katze ausgerechnet den breitesten, kuscheligsten Fernsehsessel für sich haben muß, zumal sie nicht einmal fernsieht, sondern zusammengerollt schläft, während sich die Familie auf dem Sofa drängelt. Oder daß ich bewegungslos in meinem Bett liege, weil eine Katze mitten auf meinem Bauch schläft, was sehr warm ist, sehr schwer und sehr unbequem. Ein Katzenfreund weiß aber, daß er für das Hinwegsetzen über kätzlichen Willen einen vernichtenden Blick aus schmalen Augen erntet. Darin liegt grenzenloses Erstaunen, Verletztheit und schweigende Verurteilung, die nur durch unzählige Entschuldigungen gutgemacht werden können. Kein Tier vermag so sichtbar beleidigt zu sein wie eine Katze. Ich denke da an meinen Lieblingskater Panki, der mir jeden Morgen in die Arme springt, beide Pfoten um meinen Hals legt und sein Gesicht gegen meines preßt. Seine Liebe zu Menschen ist maßlos, ebenso stark leider seine eifersüchtige Wut gegen Artgenossen. Daher mußte ich, bevor ich in Urlaub fuhr, Panki zu einer anderen Familie geben, weil es keiner fremden Aufsichtsperson zuzumuten war, die übrigen vierzehn gegen seine Attacken zu verteidigen. Am Urlaubsort angekommen, erkundigte ich mich per Telefon sofort nach Pankis Befinden. Er streife weinend im Haus herum, wurde mir geantwortet, er suche mich verzweifelt … Der Urlaub wurde eine einzige Katastrophe. Zu meinem Trost malte ich mir täglich das bezaubernde Bild unseres Wiedersehens aus. Panki würde meine Stimme hören, im Galopp die Treppe hinunterjagen, wie gewohnt in meine Arme springen. Ein richtiges Lassie-Film-Motiv.

Dann ging alles schief. Ich klingelte und wurde eingelassen – aber kein Panki kam! Meine Bekannten, die mit mir die Reise gemacht hatten, sahen sich erwartungsvoll um. Die rührselige Szene war auch von ihnen inzwischen schon mit Ergriffenheit herbeigesehnt worden. Ich ahnte, daß es eine Blamage geben würde. Ich lief die Treppe hinauf und rief seinen Namen. Nichts. Ich betrat das Zimmer, in dem Panki saß, mit dem Rücken zu mir, bewegungslos, hocherhobenen Hauptes. Ich rief wieder, so lockend und zärtlich wie nie zuvor. Er drehte sich nicht einmal um. Als ich ihn hochhob, blieb er steif wie ein Brett auf meinen Armen hängen, alle vier Beine baumelten herunter, und er wandte das Gesicht ab, als ich ihn ansprach. Seine Miene blieb unverändert verachtungsvoll, während ich ihn zum Auto trug und mit ihm nach

Hause fuhr. Dort begab er sich schnurstracks in das Gästezimmer, legte sich hin und schlief. Es dauerte mehr als zwei Tage, bis er seine eisige Ablehnung aufgab, dann aber schnurrte er, bis ihm die Stimme versagte.

Um noch einmal an den Anfang zurückzukehren, wo ich von den Schwierigkeiten sprach, trotz des ganzen Katzen-Wirrwarrs selbstsicher aufzutreten: Ein gewisses Problem ergibt sich in unserem Haus aus den Katzenhaaren. Am schlimmsten von ihnen gezeichnet sind schwarze Stoffe. Nun ist aber Schwarz Mode, außerdem meine Lieblingsfarbe. Also trage ich Schwarz – mit Haaren. Meine Versuche, deren Anzahl so gering wie möglich zu halten, werden von den Tieren fortwährend unterlaufen. Grundsätzlich verlege ich den Akt des Ankleidens ins Badezimmer, katzenfreie Zone im Haus, weil es da keine gemütlichen Plätze gibt. Aber, jetzt wo ich drin bin, will auch Lulu hinein. Sie hat großes ästhetisches Empfinden und liebt es, beim Schminken zuzusehen. Von ihrem flehenden Maunzen erweicht, gestatte ich ihr den Zutritt, vergesse jedoch, sie zu beobachten, und stelle beim Verlassen der Dusche fest, daß sie inzwischen die einzige bequeme Schlafstelle im Raum gefunden hat: mein bereitgelegtes schwarzes Kleid. Glücklicherweise gutgelaunt tröste ich mich; diese eine Stelle wird sich leicht abbürsten lassen. Fertig angezogen, merke ich dann, daß einer der beiden Ohrringe fehlt, die ich tragen wolle. Aus Erfahrung ist mir klar, daß er sich nur tief unter dem Sofa befinden kann, wohin die Katzen alle erbeuteten Gegenstände schleppen. Ich brauche wohl nicht zu beschreiben, wie ich aussehe, nachdem ich, von ein paar neugierigen Tieren begleitet, unter das Sofa getaucht und bis in die hinterste Ecke gekrochen bin. Es ist jetzt fast nichts mehr zu retten, und auf der anschließenden Party gibt es todsicher eine von diesen geschniegelten Beauties, ebenfalls in Schwarz – ohne Haare – und so antiseptisch, daß ich vor Neid erbleichen könnte. Sie wird mich eine Weile mit hochgezogenen Augenbrauen anstarren und schließlich, ohne ihre ausdruckslose Miene zu verändern, fragen:

»Sag mal, hast du Katzen oder so was?« Dann hilft nur die radikale Antwort: »Ja, fünfzehn!« und dabei der geheime Gedanke: Spießer!

Wieder hat sich jemand selbst entlarvt. Katzen, das fleischgewordene Gegenteil des Spießers, eignen sich wunderbar, bestimmte Menschen als Kleinbürger oder eingebildete Schnösel zu erkennen. Wenn ich beispielsweise mit einem jungen Mann in meinem Zimmer sitze und dieser eine ohnehin langatmige Rede hält, in die sich plötzlich von draußen her panisches Katzengeschrei mischt, wenn also dieser Herr dann ohne das geringste Feingefühl einfach weiterredet, anstatt zu sagen: »Du solltest mal nach deinen Katzen sehen!«, dann ist das schon verdächtig. Wenn er dann auch noch auf mein vorsichtiges »Ich schau mal gerade, was da los ist«, mit gekränkter Miene reagiert oder gar mit der Bemerkung: »Du lieber Himmel, das sind doch bloß Katzen!«, dann hat er sich bereits eine Menge Sympathien verscherzt. Ganz abgesehen davon, daß er mich allein in Regen und Finsternis durch den Garten streifen läßt, wo ich in einem Gebüsch Panki, den Verbrecher, finde, der die winzige Helena erwischt hat und beißt. Ich wünschte, jemand könnte den Todesmut sehen, mit dem ich in das tobende Knäul greife, Panki hochhebe und so lange schüttele, bis Helena wie eine reife Frucht aus seinen Krallen zu Boden fällt. Natürlich kriege ich ein paar tiefe Kratzer ab, aber das fällt dem arroganten Jungen, der im warmen, trockenen Haus auf mich wartet, gar nicht auf. Dann kann ich ihn nun auch zu den eingebildeten Nichtsnutzen zählen, deren Gedanken 24 Stunden am Tag um die eigene bedeutende Persönlichkeit kreisen. Arroganz mit vollendetem Charme auszuleben bleibt Menschen allemal versagt, Katzen haben Stil. Und ich behaupte, daß es dabei keinen Unterschied gibt zwischen einer zehnfach preisgekröten Super-Luxus-Edelkatze und einem meiner Straßentiere.

Und wenn meine Hausgenossen im Weihnachtsbaum herumtoben, bis er fast umfällt, wenn sie ohne jede Achtung vor Höherem mit schmutzignassen Pfoten über kostbare Manuskriptseiten oder geliehene Bücher tapsen, wenn sie mich in tiefster Nacht mit ihren Bällchen-Spielen wecken, dann würde ich trotzdem niemals auch nur eine von ihnen hergeben. Denn wer mich mögen will, der muß meine Katzen mitmögen. Also doch.

Roswitha Quadflieg

PAULA, SAG MAL MAU

Meine Katze heißt Paula und ist grau. Selbstverständlich ist sie die hübscheste, freundlichste und die verspielteste Katze der Welt und schnurrt am allerschönsten von allen Katzen der Welt.

Paula war ungefähr zwei Jahre bei mir – sie hatte ihre Zeit mit Mäusefangen, Schlafen, Schnurren und Spielen zugebracht wie alle Katzen der Welt, hatte aus dem Fenster gesehen und ab und zu vorsichtig an einem Buch geknabbert (was natürlich streng verboten ist) – als sie eines Abends vor mir auf dem Teppich saß und mich, eigentlich wie immer, mit ihren mal blauen, mal grünen Augen ansah. Und da sagte ich zu ihr, so, als sei es das Selbstverständlichste auf der Welt:

»Paula, sag mal Mau.«

Und da sagte sie, auch so, als sei es das Selbstverständlichste auf der Welt:

»Mau.«

Und als sie das gesagt hatte, lag ein großer grüner Mau-Sack vor ihr auf dem Fußboden. Ich erschrak etwas – eigentlich weniger über das »Mau« und den Mau-Sack als über die Tatsache, daß das gerade an diesem Abend, oder besser, erst an diesem Abend passieren mußte, wo Paula doch schon so lange bei mir war. Ich hät-

te doch viel früher auf die Idee kommen können, mit ihr zu sprechen und sie zum Antworten aufzufordern. Warum war ich nicht darauf gekommen?

Ich ärgerte mich über mich selbst, streichelte Paula und verbrachte einen vergnügten Abend. Den Mau-Sack legte ich in eine Ecke. In den nächsten Tagen kam ich nicht dazu, mit Paula zu sprechen, und erst einige Zeit später, als es wieder Abend geworden war, sagte ich, weil es mir gerade einfiel, zu ihr:

»Paula, sag mal Haus«, und Paula sagte: »Haus.« Das war richtig lustig. Hinter Paula stand auf einmal ein kleines hübsches Haus mit Dach und Fenstern, und sie drehte sich um und schnuffelte daran herum. Auch ihr schien das, was sie gesprochen hatte, Spaß zu machen. Ich streichelte sie, steckte das Haus später in den Mau-Sack, damit nicht irgend jemand auf die Idee kommen könnte, dumme Fragen zu stellen, und Paula wartete jeden Abend darauf, daß ich ihr Haus herausholen würde.

Irgend etwas mußte noch in das Haus hinein, dachte ich eines Abends – man hat ja manchmal so komische Vorstellungen von Vollständigkeit. Und ich sagte:

»Paula, sag mal Stuhl.«

Und Paula sagte ganz einfach: »Stuhl.«

Nun schien auch ihr die Sache erst so recht Spaß zu machen, denn sie schnurrte ganz laut, als ich den Stuhl nahm, der hinter ihr stand und ihn in das Haus stellte. Sie guckte durch das Fenster, betrachtete ihren Stuhl, und irgend so etwas wie Stolz überfiel sie und mich.

Nun ließ ich nicht mehr so viele Abende ohne Unterhaltung verstreichen und ging etwas zügiger voran. Am nächsten sagte ich: »Paula, sag mal Tisch.«

Und Paula sagte: »Tisch«, und sprang augenblicklich auf die glatte Tischplatte, die von vier etwas altmodisch schnörkeligen Beinen getragen wurde. Auf dem Tisch zu sitzen ist sonst natürlich auch strengstens verboten, aber da es ihr eigener war, ließ ich sie sitzen. Am nächsten Abend sagte ich:

»Paula, sag mal Bett.«

Und Paula sagte: »Bett«, und kuschelte sich unter das weiche Federkissen. Das ist sonst manchmal in den frühen Morgenstunden in meinem Bett erlaubt, wenn sie einigermaßen still liegt und nicht anfängt, dauernd meine Füße abzulecken.

Nun war das Haus eingerichtet, verbrachte den Tag im Mau-Sack und wurde nur abends hervorgeholt. Irgend etwas fehlte aber noch, dachte ich eines Abends, und Paula sah mich erwartungsvoll an. Natürlich, ein Garten fehlte noch. Also sagte ich:

»Paula, sag mal Baum.«

Und Paula sagte: »Baum«, so richtig genüßlich und erschrak dann ein bißchen, als ihr ein vorwitziger Zweig am Ohr kitzelte. Glücklicherweise saßen keine Vögel in den Ästen … (hatte sie darauf spekuliert?), und Paula war es auch so zufrieden.

Nun sah der Mau-Sack tagsüber schon sehr unförmig und merkwürdig aus. Haus, Stuhl, Tisch, Bett und Baum darinnen – was sollte daraus werden? Aber ein Zaun müßte noch dazu, und so sagte ich am nächsten Abend: »Paula, sag mal Zaun.«

Und Paula sagte: »Zaun«, und sprang dann elegant über ihn hinweg. Wollte sie mich darauf aufmerksam machen, daß er eigentlich überflüssig war?

Nun wäre eigentlich alles in Ordnung gewesen. Paula hatte ihr eigenes Haus mit einem Garten und einem überflüssigen Zaun. Tagsüber schlief alles im Mau-Sack und abends, manchmal bis in die Nacht hinein, spielte sie damit.

Doch dann bekam ich eines Tages Besuch … Und Besuch kann ja ungemein neugierig sein. Kaum war der Kaffee auf dem Tisch und das erste Stück Kuchen angebissen, da wurde ich auch schon gefragt: »Was ist denn das für ein komischer Sack da in der Ecke?«

Und ich sagte, ohne weiter darüber nachzudenken: »Das ist der Mau-Sack.«

»Der was?« fragte mich mein Besuch, und ein Kuchenkrümel fiel aus seinem Mundwinkel.

»Der Mau-Sack«, sagte ich noch einmal und merkte, daß ich etwas ungeduldig wurde. Aber damit gab sich der Besuch natürlich nicht zufrieden, und ich mußte alles erzählen. Alles ganz genau. Ich spürte ein paar merkwürdige Blicke aus den Augenwinkeln meines Gegenüber, die – selbstverständlich, ohne daß ich es merken sollte – auf mich gerichtet wurden, Paula strich um meine Beine herum, und zum Schluß sagte mein Besuch, so, als sei die ganze Geschichte erfunden und erlogen:

»Katzen können doch gar nicht sprechen!«

Ich stutzte und sah Paula verwundert an. Ich hatte doch alles selbst gehört und gesehen, und in der Ecke lag sogar der Mau-Sack, der durch seine komischen Beulen verriet, daß alles, was Paula gesprochen hatte, wirklich und wahrhaftig noch darinnen war. Und trotzdem machte ich den großen Fehler und traute meinen Augen nicht und meinen Ohren auch nicht und dachte einen Moment lang: Katzen können doch gar nicht sprechen. In dem Augenblick machte Paula einen Buckel, und der Mau-Sack verschwand.

Als ich am Abend endlich wieder mit Paula allein war und, wie um alles wieder gutzumachen, zärtlich zu ihr sagte:

»Paula, sag mal Mau«, sah sie mich aus ihren mal blauen, mal grünen Augen an – und sagte nichts mehr.

Christa Reinig
DENKMAL FÜR KOLUMBUS

Das schrecklichste Sterben, das ich mitangesehen habe, war nicht das Sterben eines Menschen, sondern einer Katze. Meine Mutter hatte mir, bevor sie starb, ihre Katze vermacht. An einem schönen Sonnabend war ich zu Freunden nach Westberlin gefahren und hatte bei ihnen übernachtet. Am anderen Morgen erfuhren wir, daß Ostberlin von der Außenwelt hermetisch abgeschlossen war. Niemand durfte mehr heraus. Ich schlug alle Bitten, Mahnungen, Warnungen, alle Einladungen und Hilfeangebote in den Wind und sagte: »Ich muß Kolumbus füttern«, ging in den Osten zurück und ließ mich einmauern. Ein halbes Jahr später lag Kolumbus im Sterben. Es war am späten Abend. Das Haus war verschlossen und vermutlich auch das Haus des Tierarztes. Telefon gab es nicht. Man konnte das Tier auch nicht transportieren. Kolumbus war bei Freunden und Nachbarn berühmt als die größte Katze der Welt. Die Leute erschraken, wenn er auf der Straße erschien oder ich ihn irgendwohin trug. Ich hielt ihn an den Hinterpfoten gepackt, die Hand nahe der Hüfte. Er hing über meine Schulter, seinen Kopf auf meinem Rücken, schrie und zerkratzte mir mit den Vorderpfoten den Hintern. Die Leute, die das sahen, türmten. Nun war er vierzehn Jahre alt. Die Hungerkur hinter

der Mauer gab ihm den Rest. Er schickte sich an, mich, die ich seinetwegen zurück in den Osten gekommen war, zu verlassen.

Einen Augenblick dachte ich daran, wegzurennen, und einen Arzt zu holen, so wie ich seinerzeit daran dachte, vom Sterbebett meiner Mutter wegzurennen. Aber meine Mutter hatte mich gehindert. Auf meine Frage, ob ich nicht versuchen solle, einen Arzt zu bekommen, stieß sie ein verächtliches »Ach!« aus. Dann sagte sie: Ich sterbe. Ich sagte: So leicht stirbt sichs nicht. Doch! sagte sie und starb. In dem Buch »Unsere kleinen Lieblinge« stand geschrieben: Wenn eure kleinen Lieblinge, deren Lebensdauer doch soviel begrenzter ist, als die des Menschen, sterben müssen, verlaßt sie nicht in ihrem Todesaugenblick. Ihr habt sie in die Schicksale der Menschenwelt hineingezogen, nun erfüllt an ihnen eure Menschenpflicht. Nun, hier meine Menschenpflicht erfüllt zu haben, das hat mich fast das Leben gekostet. Man kann zu einem Tier nicht sagen, jetzt stirb mal schon. Man kann es nicht einmal denken. Das Sterben eines Menschen ist eine Aufgabe. Er hat hoffentlich gewußt, daß er sterben muß, und er hat sich darauf vorbereitet, hoffentlich. Ich kann mich nicht, wie vielleicht Martin Luther, damit trösten, daß ich meinen kleinen Liebling im Jenseits wiedersehe. Denn das, was für den Menschen der Trost seines Lebens und Sterbens ist, daß er mit all seinen Lieben über den Tod hinaus vereint bleiben wird, das kann ich mit dem Tier nicht teilen. Ich kann mir einbilden, daß ich mit Kolumbussens Seele auch nach seinem Tode innig vereint bleibe. Aber er kann sich das nicht einbilden. Ich dachte daran, diesen grauenhaften Todeskampf abzukürzen, der mir sinnlos erschien, weil ich mir nicht einreden konnte, daß Kolumbus, durch diesen Todeskampf geläutert, zu höherem, edlerem Dasein emporsteigen würde. Ich plante, eine Kiste abzudichten und den Gasschlauch hineinzuführen. Darin blieben meine Gedanken stehen, und ich wußte, wenn ich nur den kleinsten Finger rührte, dann würde ich mich wie ein Automat bewegen, Fenster und Türen mit eingerollten Papieren verstopfen und uns beide, die Katze und mich, in der Küche auf die Erde betten. Nun wußte ich, wie der Tod aussieht. Manchmal hatte ich gedacht: Jetzt gehts ans Sterben? Komisch, mir ist nicht zum Sterben zumute. Und so war es dann auch. Aber hier gings ans Sterben. In diesem Haus, in diesem Zimmer strudelte der Trichter einer riesigen Windhose. Ich saß mittendrin. Nur die kleinste Bewegung, es hätte mich davongewirbelt. Ich hielt mich still mit aller Kraft und widerstand der Versuchung, mich zu rühren. Da spürte ich, wie der Strudel langsam nachließ. Das Sterben ging weiter. Ich erinnerte mich daran, wie meine Mutter in der Nacht ihres Todes zurückgekehrt war, obwohl sie doch ausgestreckt auf ihrem Bett lag. Sie kam zur Tür herein und legte mir Kolumbus in den Arm. Ich spürte ihn, wie er sich gegen mein Festhalten sträubte, obwohl ich doch hörte, wie er in der Küche auf dem Kästchen kratzte. So, wie es mir meine Mutter vorgemacht hatte, wollte ich jetzt handeln. Ich legte mich wie zum Schlafen und nahm Kolumbus in meinen Arm. Sogleich hörte der Todeskampf auf. Kolumbus schien eingeschlafen zu sein. Nach einiger Zeit kam der Strudel wieder. Unvermittelt war er da, sehr viel schwächer als das erste Mal. Ich war gewiß, er könne mir nichts anhaben. Es ging vorüber. Dann sprang Kolumbus mit einem gräßlichen Schrei auf die Füße. Ich knipste das Licht an. Kolumbus sprang vom Bett und rannte durch die Stube. Noch einmal schrie er: den Todesschrei. Ich nahm ihn auf. Seine Glieder knickten nach allen Seiten ab. Sein Fell war klatschnaß. Er war ganz klein geworden. Wenn es nicht aufhört, dachte ich, und schloß die Hände um seine Kehle. Ich wollte zudrücken. Da wurde er ganz leicht in meiner Hand wie eine Feder. Das Leben hatte ihn verlassen. In kürzester Frist würde er schwer wie ein Stein sein. Schwerer als je im Leben und steinhart. Ich rollte ihn zusammen, so daß er in einen Koffer passen konnte. Am andern Morgen wollte ich ihn beisetzen. Ich ging in einen Park, grub einen Tunnel unter die Monumentalplastik, die »Herakles und der Löwe« heißt, und setzte ihn bei. So bekam er das größte Katzendenkmal der Welt.

242

Theodor Storm
VON KINDERN UND KATZEN

Mit Katzen ist es in früherer Zeit in unserem Hause sehr »begänge« gewesen. Noch vor meiner Hochzeit wurde mir von einem alten Hofbesitzer ein kleines kaninchenblaues Kätzchen ins Haus gebracht; er nahm es sorgsam aus seinem zusammengeknüpften Schnupftuch, setzte es vor mir auf den Tisch und sagte: »Da bring ich was zur Aussteuer!«

Diese Katze, welche einen weißen Kragen und vier weiße Pfötchen hatte, hieß die »Manschettenmieße«. Während ihrer Kindheit hatte ich sie oft, wenn ich arbeitete, vorn in meinem Schlafrock sitzen, so daß nur der kleine hübsche Kopf hervorguckte. Höchst aufmerksam folgten ihre Augen meiner schreibenden Feder, die bei dem melodischen Spinnerlied des Kätzchens gar munter hin und wider glitt. Oftmals, als wolle sie meinen gar zu großen Eifer zügeln, streckte sie auch wohl das Pfötchen aus und hielt die Feder an, was mich dann stets bedenklich machte, und wodurch mancher Gedankenstrich in meine nachher gedruckten Schriften gekommen ist.

Die Manschettenmieße selber ist, wie ich fürchte, durch diesen Verkehr etwas gar zu gebildet geworden; denn da sie endlich groß und dann auch Mutter manches allerliebsten kaninchengrauen

Kätzchens geworden war, verlangte sie, gleich den feinen Damen, allezeit eine Amme für ihre Kinder; und da die Nachbarskatzen sich nur selten zu diesem Dienst verstehen wollten, so sind fast alle ihre kleinen Ebenbilder elendiglich zugrunde gegangen. Nur einen kleinen weißen Kater zog sie wirklich groß, welcher wegen seines grimmigen Aussehens, »der weiße Bär« genannt wurde, nachher aber eine Katze war.

Später, da schon zwei kleine Buben lustig durch Haus und Garten tobten, waren drei Katzen in der Wirtschaft: nämlich außer den vorbenannten noch ein Sohn des weißen Bären, genannt »der schwarze Kater«, ein großer ungebärdiger Geselle; vielleicht ein Held, aber jedenfalls ein Scheusal, von dem nicht viel zu sagen, als daß er, besonders in der schönen Frühlingszeit, unter schauderhaftem Geheul gegen alle Nachbarskater zu Felde lag, daß er stets mit einem blutigen Auge und zerfetztem Fell umherlief und außerdem noch seine kleinen Herren biß und kratzte.

Von der Großmutter, der Manschettenmieße, die nachmals ganz berühmt geworden ist, wäre noch vielerlei zu berichten; da sie aber in der Geschichte, die ich hier am Schluß erzählen will, nur ein einzigmal »Miau« zu sagen hat, so soll's für eine schicklichere Gelegenheit verspart sein.

Es geschah aber, daß unser mit drei Katzen also stattlich begründetes Heimwesen durch den hereingebrochenen Dänenkrieg gar jämmerlich zugrunde ging; meine beiden Knaben, und noch ein kleiner dritter, der hinzugekommen war, mußten mit mir und ihrer Mutter in die Fremde wandern, und, so gastlich man uns draußen aufnahm, es war doch in den ersten Jahren eine trübe, katzenlose Zeit.

Zwar hatten wir ein Kindermädchen, welches Anna hieß; ihr gutes rundes Gesicht sah allzeit aus, als wäre sie eben vom Torfabladen hergekommen, weshalb die Kinder sie die »schwarze Anna« nannten; aber eine Katze in unser gemietetes Haus zu nehmen, konnten wir noch immer nicht den Mut gewinnen. Da – drei Jahre waren so vergangen – kam von selber eine zugelaufen, ein weiß und schwarz geflecktes Tierchen, schon wohlerzogen und von anschmiegsamer Gemütsart.

Was ist von diesem Kätzchen zu sagen? – Zum mindesten der Pyramidenritt.

Da nämlich den beiden größeren Buben das gewöhnliche Zubettgehen doch gar zu simpel war, so hatten sie's erfunden, auf der schwarzen Anna zu Bett zu reiten; derart, daß sie dabei auf ihrer Schulter saßen und die kleinen Kinderbeinchen vorn herunterbaumelten. Jetzt aber wurde das um vieles stattlicher; denn eines Abends, da sich die Tür der Schlafkammer öffnete, kam in das Wohnzimmer zum Gutenachtsagen eine vollständige Pyramide hereingeritten: über dem großen Kopf der schwarzen Anna der kleinere des lachenden Jungen, über diesem dann der noch viel kleinere Kopf des Katerchens, das sich ruhig bei den Vorderpfötchen halten und dabei ein gar behaglich und vernehmbares Spinnen ausgehen ließ. – Dreimal ritt diese Pyramide die Runde in der Stube und dann zu Bett.

Es war sehr hübsch; aber es wurde der Tod des kleinen Katers. Die guten Stunden, die er nach solchem Ritt zur Belohnung im Federbett bei seinem jungen Freunde zubringen durfte, hatten ihn so verwöhnt, daß er eines scharfen Wintermorgens, da er am Abend ausgeschlossen worden, tot und steif gefroren im Waschhause aufgefunden wurde.

Und wieder kam eine stille, katzenlose Zeit.

Aber wo fände sich nicht eine Aushülfe! Ich konnte ja vortrefflich Katzen zeichnen; – und ich zeichnete! Freilich nur mit Feder und Dinte; aber sie wurden ausgeschnitten und aus dem Tuschkasten sauber angemalt: Katzen von allen Farben und Arten, sitzende und springende, auf vieren und auf zweien gehend, Katzen mit einer Maus im Maule und einem Milchtopf in der Pfote, Katzen mit Kätzchen auf dem Arme und einem bunten Vöglein in der Tatze; den Preis über alle aber gewann ein würdig blickender grauer Kater mit rauhem, bärtigem Antlitz. Ihm wurde in einer Kammer, wo die Kinder spielten, aus Bauholz ein eignes Haus mit Wohn- und Staatsgemächern aufgebaut. Viel Zeit und Mühe war darauf verwandt worden; deshalb erhielt es aber auch das Vorrecht, vor dem zerstörenden Eulbesen der Köchin durch strenges Verbot geschützt zu werden. Es hieß »das Hotel zur schwarzen Anna«; und »der alte Herr«, welchen Namen der Graue sich gar bald erworben hatte, hat lange darin gewohnt. Selten nur verließ er seine angenehmen Räume; desto lieber, da es ihm an Dienerschaft nicht fehlte, versammelte er bei sich die Gesellschaft seiner Freunde und Freundinnen. Dann ging es hoch her; wir haben oft durchs Fenster eingeguckt. Fetter Rahm in Tassenschälchen, Bratwürstchen und gebratene Lerchen wurden immer aufgetragen; den Ehrenplatz zur Rechten des Gastgebers aber hatte allezeit ein allerliebstes weißes Kätzchen mit einem roten Bändchen um den Hals; ob es eine Verwandte oder gar die Tochter desselben gewesen, haben wir nicht erfahren können.

Außer solchen Festen lebte übrigens der alte Herr still für sich weg; nur manchmal liebte er es, aus seinem Hause auf die Spiele der Kinder in der Kammer hinabzublicken, wozu er die bequemste Gelegenheit hatte, da das Hotel »Zur schwarzen Annas« auf einer Fensterbank erbaut war. Dann stieß wohl eins der Kinder das andere an und flüsterte: »Seht, seht! Der alte Herr steht wieder einmal am Fenster!«

Auch seinen Geburtstag sollte er noch erleben. Zu diesem Feste, an welchem alle Kater und Katzen sich zur Gratulation versammeln sollten, bekam ich den Auftrag, sein Brustbild in Lebensgröße zu malen, was dann auch wirklich am Morgen des Festtages, in einem breiten Goldrahmen gefaßt, im Saale des Hotels aufgehangen wurde.

Aber es nimmt alles einmal ein Ende. – Da wir eines Morgens aufgestanden waren, fanden wir ihn tot in seinem Bette. Ob er bei dem letzten leckeren Mahle sich zu viel getan, ob die ihm zugemessene Lebensdauer abgelaufen war; – soviel steht fest, was wir hier vor uns sahen, war nur noch seine entseelte Hülle.

Also wurde ein Schächtelchen mit schwarzem Papier beklebt und ausgeschlagen und so ein Sarg daraus gemacht. Der alte Herr wurde hineingelegt und stand zur Parade in dem großen Saale des Hotels, wo von der Wand sein noch in aller Lebensfülle gemaltes Bildnis auf den Sarg herabsah.

Endlich wurde er auf dem Steinhofe – ach, einen Garten hatten wir da draußen nicht! – in das für ihn gegrabene Grab gesenkt und mit einem schweren Steine fest und dauerhaft bedeckt.

… Aber wer möchte nicht gern wissen, wie die Toten aussehen! – Natürlich wurde der alte Herr nach einem halben Jahr wieder ausgegraben, sehr mit Schimmel überzogen vorgefunden, schaudernd und ganz genau betrachtet, und dann endlich noch einmal und auch zum allerletztenmal begraben.

Für Kinder und alte Leute, welch ein erlösender Zauber liegt in dem Begraben!

Kurt Tucholsky
BRIEF AN EINEN KATER

Paris, den heutigen.

Lieber Mingo, du liegst gerade, ein weißes Knäul, unter dem Sofa, im Zimmer des blonden Engels, und wartest auf Konrad, der dir aus seiner Fabrik etwas mitbringen wird; einen Wurstzippel oder einen Knochen vom Kalbskotelett oder sonst etwas Eingewickeltes. Hättest du die Freundlichkeit, einmal zuzuhören? Komm heraus! He! Komm! Mies – mies – mies! Mingo! Mingo!

Du wärst keine richtige Katze, wenn du kämst. Und so muß ich mich denn vor das Sofa legen, platt auf den Boden, und dir unter die geschweiften Beine des Möbels herunterflüstern, was ich dir zu sagen habe … Hör zu.

Daß du in die Malerei eingegangen bist, weißt du ja. Die Japaner … Ja, mach die Augen zu und schnurre im traumlosen Schlaf – es ist nicht neu. Aber in der Literatur, da muß man dich schon suchen; so viele gute Katzenbücher gibt es nicht. Wenn ein Sohn einmal promoviert, kannst du ihn ja eine Dissertation schreiben lassen ›Die Katze in der Geschichte der Völker mit besonderer Beziehung auf die Literatur des achtzehnten Jahrhunderts‹. Sieh, was ich hier habe! Du siehst kaum auf. Fauler. Atmendes Kissen. Es ist ein kleines Buch, weiß wie du, heißt ›Katzen‹ und ist von Axel Eggebrecht. Und

– zerkratz den Deckel nicht – und ist bei Herbert Stuffer in Berlin erschie – – du sollst die Pfoten vom Deckel nehmen! Untier! Drache! Geschöpf!

Mingo, das ist das allerreizendste Buch, das mir seit langem unter die Kritikerkrallen gekommen ist.

Der muß dich sehr lieb haben, der Eggebrecht – der muß dich sehr genau kennen, dich und die ganze Katzenfamilie. Er versteht dich, weil er zugibt, dich nicht zu verstehen. Deine Zähigkeit, mit der du am Leben hängst; die Sinnlosigkeit dieses Lebens … Und wie noch eine verwilderte Katze eine Dame ist, bis in die letzte Schwanzspitze, und wie man eigentlich immer ein bißchen Angst vor dir haben muß, solche Angst, wie man sie vor einer Pistole hat, von der man nicht weiß, ob sie geladen ist oder nicht … Man weiß nicht. Mingo, was denkst du? Ach, lach mich nicht aus.

Ja, großmütig bist du, voll von einer stillen Verachtung für uns alle. In einem seiner ersten Romane hat Max Brod entdeckt, wie sich die Tiere über die Menschen heimlich lustig machten … Du verschmähst sogar das. Du siehst uns gar nicht mehr. Wie du ins Leere schaust! Wohin blickst du? In welcher Zeit lebst du? In deiner eigenen – in unserer nur, wenn du etwas zu fressen haben willst.

Übrigens sehe ich dich nicht gern essen, die kleinen ruckenden, bösen Bewegungen, mit denen du schluckst … Verzeih. Und hör mal, Eggebrecht schreibt da zwei Dinge, die ich ihm gar nicht glauben will, du weißt das ja besser … Lieben sich Katzen auf dem Frühstückstisch? Am hellerlichten Tag? Und läuft eine Katze von ihren noch nassen Jungen fort, nach einem Tag? Sag mal – Mingo! Schläft. Nein, schläft nicht – blinzelt durch den dünnsten Spalt der Augenlider mich an, ich kann doch den Kopf nicht dauernd auf den Fußboden legen, wenn man auch von ihm – natürlich – essen könnte … Mingo! Komm heraus. Kommt nicht.

Mingo, du kannst lesen, ich weiß es, du zeigst es nur nicht. Dieses Buch. Es ist so unsüßlich, so gar nicht verniedlicht, so unheimlich – und es ist in der Form so edel, wie du es bist. Es muß wohl Katzenmenschen und Hundemenschen geben. Magst du den Hund? Ich auch nicht.

Er brüllt den ganzen Tag, zerstört mit seinem unnützen Lärm die schönsten Stillen und wird in seiner Rücksichtslosigkeit nur noch von der seiner Besitzer übertroffen. (Protest des Reichsbundes Deutscher Hundefreunde. Kusch.) Man kann dich nicht fangen, ich weiß. Aber bist du in diesem Satz nicht ganz enthalten?

»Die Katze ist eine anarchistische Aristokratin, mit gesundem, proletarischem élan vital.« Das bist du.

So, nun stehe ich wieder auf.

Und sitze plötzlich in dem silbergrauen Paris und denke an dich, an dich und den blaugrauen Angorakater, der so klein war, daß er nicht einmal einen Namen hatte; er konnte einem grade entgegenwackeln, wenn man ins Zimmer kam, und dann aß er nichts mehr und dann starb er, und nun liegt er in meinem Garten a. D. von Fontainebleau.

Einen Gruß, Mingo! An dich und an alles, was schön ist und rätselhaft, überflüssig und geschwungen, unergründlich und einsam und ewig getrennt von uns: also an die Katzen und an das Feuer und das Wasser und an die Frauen.

Mit einem herzlichen Fellgestreichel
und Grüßen an die Herrschaften, die bei dir wohnen.
Dein Peter Panter

224

Kurt Tucholsky

DIE KATZ

Neulich saß ich vor dem kleinen Theaterchen Ambassadeurs in den Champs Elysées, unter grünen Bäumen. Um meine Bank strich mehrere Male eine große, gut genährte Katze, grau mit schwarzen Flecken. Wir kamen so ins Gespräch – sie fragte mich, wieviel Uhr es sei –, und da stellte sich heraus, daß sie aus Insterburg stammte. Nun kenne ich Insterburg sehr genau – ich habe da seinerzeit gedient, und wir waren gleich im richtigen Fahrwasser. Sie kannte erstaunlich viele Leute, und wir hatten auch gemeinsame Bekannte: eine Verwandte von ihr war bei meinem Feldwebel Lemke Katze gewesen, sie wußte gut Bescheid. Meine Stammkneipe kannte sie und das Theater und die Kaserne und alle möglichen Orte. Ja, es ist sogar möglich, daß wir uns einmal gesehen hatten, im Schützenhaus zu Palmnicken, aber da hatte ich natürlich nicht so darauf geachtet. Wie es ihr denn so in Paris gefiele, fragte ich sie.

»Näi, hier jefällts mir nicht!« sagte sie. »Ich wäiß nich, die Leite sinn ja soweit janz natt – aber, wissen Se, mit die Verfläijung, das is doch nichts. Ja. 's jibbt ja Fläisch un so – aber Fischkeppe – wissen Se – son richtichen Kopp von nem Zanderchen oder Hachtchen – das hätt ich doch jar zu jern mal jajassen. Aber: Pustekuchen!« Das fand ich auch sehr bedauerlich.

»Gott, man erlebt ja allerhand hiä«, sagte die Katze. »Da haben se mich näilich einem alten Madamche ins Bett jestochen, wissen Se, die konnt keine Katzen läiden. Erbarmung! hat se jebrillt. Ei, seht doch! seht doch! hat se immer jerufen – das heißt, ich denk mä das so – denn sie hat ja franzeesch jebrillt. Dabei hab ich se nuscht jetan! Und se hat all immer jemacht: ›Pusch! Pusch! Willste da raus!‹ Aber ich bin ruhig liegenjeblieben, wissen Se – und da hat se mit all ihre Koddern aufn Pianino jeschlafen – ja. Und am friehen Morjen hat se mehr denn ein Tellerche Schmant hinjehalten, das hab ich auch jenomm, und denn bin ich los. Es war ne janz nette Frau soweit. Se war all janz bedammelt von den Unjlik.« Aha. Und diese große Schramme da über dem Auge? Was wäre denn dies?

»I«, sagte die Katze, »da hat mir neulich son Kater anjesprochen – aber ich wollt nich – wissen Se, ich wer mer doch mit die franzeeschen Kater nich abjehm! De Frau in Insterburch hat auch immer jesacht, mehr als dräimal im Jahr soll ne ordentliche Katz nich – na, und meine Portion war all voll. Ja – ich wollt eben nicht. Da hat mir doch das Biest anjesprungen! Was sagen Se –! Ich hab 'n aber ordentlich äine jelangt – sobald jeht der an käine ostpräische Katz mer ran, der Lorbas!«

»Kinder haben Se also auch?« fragte ich. »Ja«, sagte sie. »Es sinn alles orntliche Katzen jeworn bis auf äine. Die streicht da aufn Monmartä rum bei die Franzosen –, und wenn mal 'n Tanzvergniejen is, denn macht se sich an die Fremden ran. Näilich dacht ich: I, dacht ich, wirst mal hinjehn, sehn, was se da macht. Wissen

Se – ich hab mir rein die Augen ausn Kopp jeschämt – lauter halb-
nackte Marjellen – und meine Tochter immer dabäi! Sone Krät –!
Ich sach: ›Was machst du denn hier?‹ sach ich. Se sagt: ›Ah – Ma-
ma!‹ und denn redt se doch franzeesch mit mir! mit die äijene
Mutter –! Ich sach … ›Schabber nich so dammlich!‹ sach ich und
jeb ihr eins mit de Pfot. Da haben se uns rausjeschmissen ausm
Lokal, alle bäide – und draußen auf de Straß wollt ich mer nich
mit se hinstellen. Und – rietz! war se denn auch jläich wech. Ach,
wissen Se, heutzutach, mit die Kindä …!« Ja, da konnte ich nur
zustimmen. Na – und sonst? Paris und so?

»Manchmal«, sagte die Katz, »krie ich doch mächtig Heimweh.
Kenn Se Keenichsbarch? Das is ne Stadt – wissen Se – da kann Paris jahnich mit! Da war ich mal auf Besuch – man is ja in de Welt
rumjekomm, Gott sei Dank – und da war ich bei de Frau Schulz.
Kenn Sie die? Die Mutter von Lottchen Schulz, die immer so
brillt? De Tochter hat jetzt jehäirat.« Halt! Lottchen Schulz kannte ich. Diese etwas bejahrte, schielende und hinkende Dame hatte geheiratet? Ich äußerte Bedenken. »Och«, sagte die Katze,
»sehn Se mal: Nu hat se doch das lahme Bein, und ordentlich gu-
cken kann se auch nicht mehr – was soll Se –!« Dagegen war
nichts einzuwenden – Heirat schien in solchem Fall das beste. »Ja,
da war ich auf Besuch«, fuhr die Katze fort, »ach, wenn ich daran noch denk! Inne Ofeneck saßen die bäiden Jungens Schulz
und schlabberten ein Tulpchen Biä nachn andern, de Frau trank
Kaffee, und ich kriecht ab un zu ’n Stickche Spack – aber, wissen
Se, son richtchen, ostpräißschen Kernspack – nich wie hier! Ja.

Nur äin Malhör is mich in Keenichsbarch passiert: Ich bin da in den Hiehnerstall jejangen und hab da jefriehstickt, und nachher hab ich es all jemerkt: alle die kläinen Kaichel, die hatten dem Pips! Dräi Tach war mir janz iebel!«

Eine feine Dame ging vorüber und sagte zu ihrer Begleiterin: »Vous savez, il n'y a que des étrangers à Paris!« Die Katze sagte: »Wissen Se, hier mit die Katzen, da versteh ich mir janich! Se sind auch so janz anders als bäi uns – manche sind direkt kindisch wissen Se …! Na, denn wer ich man bißchen jehn, auf Mäise …!«

Und lief seitwärts, in die Büsche. Ich wollte noch etwas sagen, sie nach ihrer Adresse fragen –, aber sie war schon weg. Und ich stand noch lange vor dem Busch und, ohne daran zu denken, daß es ja eine Katze war, rief ich: »Landsmann! Landsmann!« – Aber es antwortete keiner. Wir haben uns nicht mehr wiedergesehen.

Émile Zola

DAS KATZENPARADIES

Eine meiner Tanten hat mir einen Angorakater vermacht, das dümmste Tier, das ich kenne. An einem Winterabend hat mir dieses Vieh vor der heißen Asche im Kamin diese Geschichte erzählt:

I

Ich war damals zwei Jahre alt und der fetteste und naivste Kater, den man sich denken kann. In diesem zarten Alter zeigte ich den Stolz eines Tieres, das den häuslichen Herd verachtet. Und wie dankbar müße ich doch der Vorsehung sein, daß sie mich zu Ihrer Tante geführt hat! Die gute Frau betete mich an. In der Tiefe eines Schrankes hatte ich ein richtiges Schlafzimmer, mit Federkissen und dreifacher Decke. Die Verpflegung war ebenso gut: kein Brot, keine Suppe, nur Fleisch, gutes blutiges Fleisch.

Und doch hatte ich in diesem Wohlleben nur einen Wunsch, nur eine Sehnsucht: durchs offene Fenster auf die Dächer zu entfliehen. Die Liebkosungen schienen mir abgeschmackt, mein weiches Bett war mir zuwider; ich war so fett, daß ich mich selbst nicht leiden konnte. Mein Glück langweilte mich den ganzen lieben Tag.

Ich muß bemerken, daß ich durchs Fenster das Dach des gegen-überliegenden Hauses sehen konnte, wenn ich den Hals reckte. Eines Tages balgten sich dort vier Katzen mit gesträubtem Fell und erhobenen Schwänzen unter wildem Freudengeheul auf den blauen Schieferplatten. In meinem ganzen Leben hatte ich ein so außerordentliches Ereignis noch nicht gesehen. Von diesem Tag an stand es bei mir fest: Das wahre Glück findet man nur auf dem Dach, hinter diesem Fenster, das so sorgfältig verschlossen ist; so sorgfältig, fiel mir als Bestärkung in meinem Glauben ein, wie das Fleisch in dem Schrank.

Ich wollte fliehen. Es mußte im Leben noch Schöneres geben als blutiges Fleisch. Das Unbekannte, das Ideal. Eines Tages vergaß man, das Küchenfenster zu schließen. Ich sprang auf ein kleines Dach unter dem Fenster.

II

Wie schön waren die Dächer! Große Rinnen faßten sie ein, daraus köstliche Düfte emporstiegen. Ich ließ meine Pfoten in den feinen Schlamm versinken, der lau war und unendlich weich. Mir war es, als ginge ich auf Sammet. Und die Sonne brannte so heiß, daß die Hitze mein Fett schmolz.

Ich kann nicht leugnen, daß ich dabei an allen Gliedern zitterte. In meiner Freude war ein gut Stück Angst. Ich erinnere mich besonders deutlich an eine fürchterliche Aufregung, die mich fast aufs Straßenpflaster hätte stürzen lassen. Drei Kater kollerten vom Dachfirst herunter und miauten mich schrecklich an, und als ich darüber in Ohnmacht fiel, verhöhnten sie mich Dickwanst und meinten, sie miauten nur zum Spaß. Da miaute ich mit ihnen. Das war entzückend. Die Übermütigen waren nicht so dick wie ich. Sie machten sich über mich lustig, als ich wie eine Kugel über das Zinkblech rollte, das die heiße Sonne erhitzte. Ein alter Kater aus der Bande nahm sich meiner besonders an. Er wolle mich erziehen, schlug er mir vor, und ich nahm mit Dank an.

Wie weit hinter mir lagen die Fleischtöpfe Ihrer Tante! Ich trank aus den Dachrinnen, und niemals hat mir gezuckerte Milch so süß geschmeckt. Alles erschien mir gut und schön. Eine Katze ging vorüber, eine entzückende Katze, bei deren Anblick mich eine noch nie gefühlte Erregung ergriff. Nur in meinen Träumen hatte ich diese erlesenen Geschöpfe gesehen, deren Rückgrat von so wundervoller Biegsamkeit ist. Wir stürzten ihr alle entgegen, meine drei Gefährten und ich. Ich überholte die andern und wollte mich gerade tief vor der entzückenden Katze verbeugen, da biß mich einer meiner Kameraden grausam in den Hals. Ich stieß einen Schmerzensschrei aus.

»Bah«, sagte der alte Kater und zog mich fort, »es gibt noch mehr solche Frauenzimmer.«

III

Nachdem ich eine Stunde lang spazieren gegangen war, verspürte ich einen rasenden Hunger.

»Was ißt man eigentlich auf den Dächern?« fragte ich meinen Freund, den alten Kater. »Was man findet«, belehrte er mich.

Diese Antwort setzte mich in Verlegenheit; denn, soviel ich suchte, ich fand nichts. Endlich erblickte ich in einer Mansarde eine junge Arbeiterin beim Frühstück. Auf dem Tisch unter dem Fenster lag ein appetitlich rotes Kotelett.

»Das ist etwas für mich«, dachte ich ganz naiv.

Und ich sprang auf den Tisch und packte das Kotelett. Aber die Arbeiterin bemerkte mich und versetzte mir einen Besenschlag auf den Rücken. Da ließ ich das Fleisch fallen und entfloh unter schrecklichen Flüchen.

»Du kommst wohl gerade aus deinem Dorf?« fragte mich der Kater. »Fleisch auf fremden Tischen darf nur von weitem begehrt werden. In den Dachrinnen mußt du suchen.«

Niemals habe ich begreifen können, daß das Fleisch in den Küchen nicht den Katzen gehöre. Mein Magen fing an zu knurren. Und der Kater brachte mich völlig zur Verzweiflung: Er sagte, ich müßte bis zum Abend warten. Dann würden wir auf die Straße hinuntersteigen und die Kehrichthaufen durchwühlen, Die Nacht abwarten! Das sagte er ruhig, wie ein alter Philosoph. Ich fiel schon beim Gedanken an dieses lange Fasten in Ohnmacht!

IV

Die Nacht kam langsam, eine eiskalte Nebelnacht. Es fing zu regnen an, spitz und wie mit Nadeln stechend, von Windstößen gepeitscht. Wir kletterten über eine Treppe hinunter. Wie häßlich erschien mir nun die Straße! Keine Wärme, keine Sonne, keine sonnenglänzenden Dächer mehr, auf denen man so herrlich herumtollen konnte. Meine Pfoten glitten auf dem schmutzigen Pflaster aus. Wehmütig dachte ich an mein Federkissen und meine dreifache Decke.

Kaum waren wir auf der Straße, wurde mein Freund, der Kater, ganz klein. Er zitterte und wurde ganz, ganz klein; geduckt strich er an den Häusern entlang und sagte mir, ich sollte ihm schleunigst folgen. Beim ersten Torweg flüchtete er hinein und schnurrte im Gefühl der Sicherheit. Als ich ihn über diese Flucht fragte, sagte er:

»Hast du den Mann gesehen, den mit der Kiepe und dem Haken?«

»Ja.«

»Naja, hätte der uns bemerkt, so hätte er uns totgeschlagen und am Spieß gebraten!«

»Am Spieß gebraten? Aber gehört denn die Straße nicht uns? Man findet nichts zu essen und wird selbst noch aufgefressen!«

V

Der Kehricht stand vor den Türen. Ich wühlte verzweifelt in den Haufen herum. Zwei oder drei abgenagte Knochen fand ich. Da verstand ich erst, was für ein Leckerbissen frisches Fleisch für eine Katze ist. Mein Freund, der Kater, kratzte den Schmutz wie ein

Künstler auseinander. Langsam suchte er alles ab, und bis zum Morgen mußte ich ihn begleiten. So verbrachte ich fast zehn Stunden im Regen und zitterte vor Kälte an allen Gliedern. Verdammte Straße, verfluchte Freiheit! Wie sehnte ich mich nach meinem Gefängnis!

Als der Kater am frühen Morgen sah, daß ich fast zusammenbrach, fragte er mich in seltsamem Ton:

»Du hast genug davon, was?«

»O ja!

»Möchtest du wieder nach Hause?«

»Natürlich, aber wie finde ich das Haus heraus?«

»Komm. Schon als ich dich heute morgen sah, habe ich es mir gleich gedacht, daß ein so fetter Kater wie du nicht für die herben Freuden der Freiheit geschaffen ist. Ich weiß, wo du wohnst, ich bringe dich bis an die Tür.«

Das sagte dieser würdige Kater in aller Ruhe. Als wir angekommen waren, sagte er, ohne die geringste Erregung zu zeigen:

»Leb wohl!«

»Nein«, rief ich, »so wollen wir nicht auseinandergehen. Du mußt mit mir kommen. Ich teile mein Fleisch und mein Bett mit dir. Meine Herrin ist eine gute Frau …«

Er ließ mich nicht zu Ende sprechen:

»Schweig, du bist dumm. Ich stürbe in diesem Treibhausleben. Dein üppiges Leben taugt nur für entartete Katzen. Niemals wird eine freie Katze sich durch Gefangenschaft Fleisch und weiche Bissen erkaufen … Leb wohl.«

Und er kletterte wieder auf seine Dächer. Ich sah, wie seine große, magere Silhouette unter den Liebkosungen der aufgehenden
Sonne voller Lust erschauerte.

Als ich wieder nach Hause kam, nahm Ihre Tante das Stöckchen,
und ich freute mich dieser Schläge von Herzen. Voller Wollust genoß ich das Vergnügen, es warm zu haben und geschlagen zu
werden. Während sie mich schlug, dachte ich schon mit Entzücken an das Fleisch, das ich bekommen würde.

VI

»Sehen Sie«, schloß meine Katze und streckte sich vor der Glut
aus, »das wahre Glück, das Paradies, lieber Meister, besteht darin,
daß man gefangen ist und in einem Zimmer, wo es Fleisch gibt,
geschlagen wird.«

Ich spreche für die Katzen.

QUELLENNACHWEIS

9 Hans Bender, »Katzen lieben Aufzeichnungen«. Aus: Julia Bachstein (Hrsg.), *Von Katzen und Menschen.* © Frankfurter Verlagsanstalt GmbH, Frankfurt am Main 1990.

19 Horst Bienek, »Eulenspiegel in der Kommode«. Aus: Julia Bachstein (Hrsg.), *Von Katzen und Menschen.* © Frankfurter Verlagsanstalt GmbH, Frankfurt am Main 1990.

25 Eva Demski, »Das Märchen vom Kater mit der goldenen Pfote«. Aus: Julia Bachstein (Hrsg.), *Von Katzen und Menschen.* © Frankfurter Verlagsanstalt GmbH, Frankfurt am Main 1990.

39 Eva Demski, »Albumblatt für Adele«. Aus: *Katzenliebe.* Herausgegeben von Esther Scheidegger. Frankfurt am Main 2001. Fischer Taschenbuch Verlag GmbH. © 2001 Eva Demski

45 Hilde Domin, Die andalusische Katze. Aus: dies., *Autobiographische Schriften.* © S.Fischer Verlag GmbH, Frankfurt am Main 1993

51 Albert Ehrenstein, »Der Selbstmord eines Katers«, aus: Albert Ehrenstein. *Werke. Band 2.* Erzählungen. Hg. von Hanni Mittel-

149 Uwe Johnson, »Eine Katze kennt keine Sekunden«. Auszug aus: Uwe Johnson, *Mutmaßungen über Jakob,* © Suhrkamp Verlag Frankfurt am Main 1981

155 Erich Kästner: *Meine Katzen* © Atrium Verlag Zürich und Thomas Kästner.

165 Doris Lessing. *Doris Lessings Katzenbuch.* Mit 18 Katzenporträts von Isolde Ohlbaum. Aus dem Engl. von Ursula von Wiese / Manfred Ohl / Hans Sartorius / Hans J. Schütz © 1967 Doris Lessing Productions Ltd. / © 1989 Michael Joseph Ltd., London / © 1998 Doris Lessing. Klett-Cotta, Stuttgart 1999

191 Charlotte Link, »Meine fünfzehn Wegwerfkatzen«. Copyright © by Charlotte Link und AVA – Autoren- und Verlags-Agentur GmbH, München-Breitbrunn.

201 Roswitha Quadflieg, »Paula, sag mal Mau«. Esther Scheidegger (Hg.), *Die Katze im Regen.* Geschichten von Katzen und Katern. © 1986 Sanssouci im Carl Hanser Verlag München

207 Christa Reinig, Denkmal für Kolumbus. Aus: *Die himmlische und die irdische Geometrie.* © Verlag Eremiten-Presse 1975